Der amerikanische Vietnamkrieg

Die Geschichte eines Ingenieurs

Oberst Ivan V. Beggs (im Ruhestand, USAR)

Der Vietnamkrieg – Für diejenigen, die sich immer noch darum kümmern von Colonel Ivan V. Beggs
(USAR). Überarbeiteter Titel aus „For Those Who Still Care".

Herausgeber: Brenda Parker, Asheville, NC; Bradley Yoder, Indianapolis, IN

Covergestaltung: von Ivan Beggs, Brenda Parker und Creative Publishing Book Design – Alle Rechte vorbehalten von Ivan Beggs

Der Übersetzer: Ivan Beggs

„For Those Who Still Care"-Denkmal, Old Court House, Hendersonville, NC, entworfen von Jerry Gordon FEB. 8. 1947 – OKT. 4, 1995

ISBN: 978-1-7341167-7-9 Softcover
HIS027070 GESCHICHTE / Kriege & Konflikte / Vietnamkrieg
BIO008000 BIOGRAPHIE & AUTOBIOGRAPHIE / Militär
BIO026000 BIOGRAPHIE & AUTOBIOGRAPHIE / Persönliche Erinnerungen

Die im Buch verwendeten Bilder werden mit der im Anhang aufgeführten Genehmigung verwendet und sind auf der Seite, auf der das Bild gezeigt wird, mit Fußnoten versehen.

14 13 12 11 10 / 10 9 8 7 6 5 4 3 2

Contents

Danksagungen

Vielen Dank an Marlene, meine Frau seit 53 Jahren, für ihre Geduld und vor allem unsere Kinder. Vielen Dank, 1LT Ken Ament, dass Sie Kapitel 5, „Das Unternehmen bewegen", geschrieben haben. für die Leitung der Bewegung durch LST und für die Erlaubnis, Ihre Fotos zu verwenden. Und vor allem, dass Sie mit Herz und Seele hervorragende Leistungen erbringen Arbeiten Sie mit der Kompanie D, dem 84. Pionierbataillon, zusammen. Das hat sich ausgezahlt Danach können Sie sich in Ihrem zivilen Leben durch die Gründung und das Amt des Präsidenten von abheben Construction Control Corporation, Salt Lake City, Utah. Es sorgte für Premiere Baumanagement und Kostenkontrolle. Projekte wie alle Bauvorhaben im Salt Palace, Utahs größtem öffentlichen Gebäude und weltberühmt Hauptbibliothek von Salt Lake City. Die Construction Control Corporation hat bereitgestellt Kostenberatung und Kostenvoranschläge für über 3.500 Bauprojekte seit 1984. Die Baukosten dieser Projekte belaufen sich auf bis zu 200 Millionen US-Dollar Kosten und decken ein breites Spektrum an Gebäudetypen ab. Projekte wie Higher Bildung, K-12-Bildung, Staatsbürgerkunde, Darstellende Kunst, Büro, Biomedizin, Gesundheitswesen, Labore und Fertigung.[1] 1

Vielen Dank an 1LT Donald Schlotz, der ein nachdenklicher, ruhiger Anführer war und Berater für uns alle in der Kompanie D, 84. Pionierbataillon. Leider er ist vor seiner Zeit gestorben. Er wird vermisst werden.

Vielen Dank, 1LT Chuck Stewart, für die vielen Gespräche mit dem Bataillon Standpunkt des Betriebspersonals. Ich und viele andere haben Ihren Beitrag geschätzt und Ich schätze Ihre Arbeit, die das Bataillon 53 Jahre lang zusammengehalten hat.

Colonel Melvyn Remus – Vielen Dank für Ihre engagierte und freundliche Betreuung in Vietnam und in den letzten fünf Jahrzehnten. Du warst sehr einflussreich! Der Vietnamkrieg

---

[1] https://cccutah.com/

Denkmal für Vietnamkriegsveteranen
Allen gewidmet, die es hatten
Serviert
Gestorben
& wurden verwundet

Befindet sich
Henderson County Heritage Museum
Das alte Gerichtsgebäude von Henderson County
1 Historischer Gerichtsplatz
Henderson County, NC

Daher trägt dieses Buch den Titel
„Der Vietnamkrieg
Für diejenigen, denen es noch wichtig ist"

Henderson County Vietnam Denkmal
Hendersonville, NC[2]

Die Vorderseite des zweifarbigen Denkmals aus grauem Granit zeigt ein Gewehr aufrecht in den Boden eingelassen, mit daran hängender Futterkappe Waffenschaft. Die linke Seite des Denkmals im helleren Grau ist geschnitzt in Form von Nord- und Südvietnam. Die Rückseite des Markers hat das Namen von 16 Männern aus Henderson County, die im Krieg starben. Dieser Marker ist eines von neun Denkmälern zu Ehren der Bürger von Henderson County, die „The Honor Walk" auf dem Gelände des alten Gerichtsgebäudes von Henderson County.

IN ERINNERUNG AN DIESE, DIE DIENEN, / BESONDERS AN DIESE WER HAT ALLES GEGEBEN / GESPENDET VON DENEN, DENEN ES NOCH AM HERZEN LIEGT / ENTWICKELT VON JERRY GORDON / FEB. 8. 1947 – OKT. 4, 1995

Die ursprüngliche Einweihung fand Mitte der 1990er Jahre statt, doch am Sonntagnachmittag, dem 13. April 2008, wurden dieses Denkmal und acht weitere Gedenktafeln gewürdigt Die Kriegstoten von Henderson County wurden gewidmet oder neu gewidmet. Diese Zeremonie war der Höhepunkt einer dreitägigen Veranstaltung zur Feier des zehn Millionen Dollars Restaurierung des historischen Gerichtsgebäudes von Henderson County und dessen Wiedereinweihung als Sitz des Henderson County Heritage Museum.

Die Hendersonville Community Band spielte währenddessen patriotische Melodien Über 200 Menschen sangen mit, beteten, hörten den Rednern zu und schauten zu Veteranen legen Kränze auf Denkmälern nieder, um die Gefallenen aller Kriege zu ehren Amerikanische Geschichte. „Was bedeuten diese Steine?" fragte George A. Jones, Vorsitzender des Henderson County Heritage Museum Board. "Wir haben errichtete sie zu Ehren all dessen. Dies sollte niemals leichtfertig oder leichtfertig erfolgen. Es gibt zu viel Blut, zu viel Opfer, Sie stellen zu viel Tod dar", antwortete er auf seine eigene Frage. Der Behinderte amerikanische Veteranen, Kapitel Shytle-Beddingfield platziert einen Kranz auf diesem Denkmal während der Zeremonie.
Das Denkmal befindet sich beim Henderson County Heritage Museum (Old Henderson County Courthouse) am 1 Historic Courthouse Square, Hendersonville NC. Mehrere Denkmäler befinden sich in der Nähe, darunter Revolutionary Soldatendenkmal, Denkmal für Soldaten der Konföderierten,

---

Denkmal für Unionssoldaten, Kriegsdenkmal, Erster Weltkrieg, Zweiter Weltkrieg, Koreakrieg, Golfkrieg, Denkmäler für den Irak und Afghanistan.

Rückseite des Denkmals

Auf der Rückseite des Denkmals stehen die Namen von 16 Männern aus Henderson County, North Carolina, die im US-amerikanischen Vietnamkrieg starben:

Sie sind Teil der:

58.156 starben ebenfalls

303.704 im Einsatz verwundet

9.087.000 Militärangehörige dienten während des Krieges im aktiven Dienst Vietnam-Ära (28. Februar 1961 – 7. Mai 1975)

82 % der Veteranen, die schwere Gefechte erlebt haben, glauben fest an den Krieg ging aufgrund mangelnden politischen Willens verloren

Fast 75 % der Bevölkerung (Stand 1993) stimmen dem zu

Buchwidmung

Dieses Buch ist insbesondere allen gewidmet, die in Vietnam gedient haben. vor allem den Verletzten, den 58.000 Amerikanern, die es geschafft haben das ultimative Opfer, und an die stillen Familien zu Hause. Und nach Süden Vietnamesische Soldaten, ihre Familien und Zivilisten, die für ihre Freiheit kämpften.

Außerdem ist es denjenigen gewidmet, mit denen ich in Vietnam direkt zu tun hatte:

> Oberst Melvyn Remus
> Oberst Harry MacGregor
> Oberleutnant Ken Ament
> Oberleutnant Donald Schlotz (verstorben)
> Oberleutnant Charles Stewart
> Oberleutnant „Hatch" Hatcher
> Chief Maintenance Officer, dessen Name „Chief" war
> Erster Sergeant, dessen Name „Top" war

Irgendwann kannte ich die Namen fast aller Soldaten, mit denen ich zusammenarbeitete. Bedauerlicherweise sind es 53 Jahre später nur noch ihre Namen, aber nicht ihre Gesichter aus der Erinnerung verschwunden. Entschuldigung. Vielen Dank für Ihre Arbeit, Ihr Opfer, Ihre Argumente, und Diskussionen. Wir erledigten unsere Arbeit und gingen nach Hause.

Dieses Buch ist auch diesen Menschen gewidmet, obwohl wir nicht gedient haben zusammen in Vietnam:

> Generalmajor James J. Hughes Jr
> Oberst Henry J. Thayer (verstorben)
> Oberst Edward Guthrie (verstorben)
> Kaplan (Oberst) E.H. Jim Ammeran (verstorben)
> Kaplan (Oberst) James E. Wright (verstorben)
> Kapitän Richard Hillier
> Kapitän Roger T. Heimann
> Oberleutnant Bob Holyfield (verstorben)
> CSM Paul Walby (verstorben)
> Bradley L.Yoder, Professor für Soziologie und Sozialarbeit, Manchester College

Einführung

Vor meinem Eintritt in die Armee war mir die politische Lage kaum bewusst Stürme in den USA und der Welt wie der Kalte Krieg zwischen den Westmächte und die Sowjetunion, der Vietnamkrieg, Rassenfragen, Soziales Unruhen und Antikriegsproteste. Stattdessen konzentrierte ich mich stark auf das Überleben Ingenieurgymnasium und Ingenieurhochschule sowie Joggen, Radfahren, Schwimmen, Religion und Mädchen.

Also trat ich im September 1968 in die US-Armee ein, um in Fort Belvoir zu trainieren. Virginia, als Ingenieuroffizier. Zehn Wochen später traf ich in Deutschland meinen zukünftige Ehefrau von dreiundfünfzig Jahren. Sie war eine amerikanische Schullehrerin die Kinder der US-Streitkräfte. Fünf Monate nach unserer Hochzeit Ich erhielt den Befehl, am 10. September 1970 in Vietnam einzutreffen.

Schließlich wurde ich zum Kommandeur einer Ingenieurkompanie ernannt. Keiner von uns In meiner Gesellschaft gab es dramatische Helden und ich hatte auch keine Erfahrungen wie die gezeigten in Filmen wie „Apocalypse Now", „Platoon", „Der Soldat James Ryan" „The Longest Day", die verschiedenen Rambo-Filme oder ähnliche Filme. Stattdessen waren wir Ingenieure, die in aller Stille Straßen, Brücken bauten oder reparierten. Flugplätze, Durchlässe, Gebäude oder was auch immer sonst von der Direktion benötigt wurde Kampfeinheiten wie die 101. Airmobile Division. Sie waren diejenigen, die Ich hatte die Aufregung, den Terror, die Langeweile und die Erkenntnis, dass es einen echten Krieg gibt wird in Filmen populär gemacht.

Das ist also meine Geschichte, die wirklich ein Teil ihrer Geschichte ist. Nur wenige von uns haben es verstanden Der Kontext des Vietnamkrieges. Wir waren wegen der US-Regierung dort hat uns dorthin geschickt. Allerdings weder der Präsident noch der Kongress, religiöse Führer, Wirtschaftsführer und Generäle erzählten uns effektiv den Hintergrund des Krieg, noch warum wir in Vietnam waren. Auf unsere Art vertrauten wir ihnen. Also, Wir erledigten einfach unsere Arbeit und gingen nach Hause.

Daher erklärt Kapitel 1, was ich und viele von uns nicht verstanden haben und was Die Hauptprobleme des Krieges waren. Die restlichen Kapitel erzählen einiges davon meine und unsere Erlebnisse vom 10. September 1970 bis 9. September 1971.

Kapitel 1 - Probleme mit dem Krieg

Was mich erstaunt, ist, dass in den Jahren 1970-1971 die meisten Soldaten, wie ich, waren sich der Geschichte der Westmächte nur vage bewusst Vietnam, die Domino-Theorie für den Krieg, Lügen der US-Regierung, Rassenunruhen, Antikriegsproteste, Jane Fonda, der Vorfall im Golf von Tonkin, Agent Orange, und das Massaker von Mai Lai.

Deshalb wurde ich als Kompaniechef immer wieder von Soldaten gefragt: "Warum sind wir hier?"

Meine Antwort, die mir absolut nicht gefiel, war: „Lass uns unsere Arbeit machen und gehen heim." Und genau das haben wir getan.
Durch Meinungsverschiedenheiten und Argumente, Wir erledigten unsere Arbeit, gingen nach Hause und niemand kümmerte sich darum.

Erst Jahrzehnte später, als ich die Zeit und das Interesse hatte, den Krieg zu verstehen, wurden mir diese Probleme klar.

Dieses Kapitel erklärt den Kontext des Krieges, in dem ich und wahrscheinlich auch die Soldaten waren meine Einheit, nicht verstanden. Meine und unsere Erfahrungen folgen in den Kapiteln 2-8.

Die Franzosen in Vietnam

Im späten 18. und frühen 20. Jahrhundert in Großbritannien Frankreich, Belgien, Holland, Spanien, Portugal, Deutschland, Japan und einige Inwieweit konkurrierten die Vereinigten Staaten um den Aufbau von Imperien auf der ganzen Welt. Der Die Franzosen beanspruchten Vietnam 1877 als Kolonie.

Folglich waren die vietnamesischen Unabhängigkeitsbemühungen nahezu eins Hundertjähriger Einsatz. Bevor er Präsident des Demokratischen Staates wurde Ho Chi Minh war am Ende des Zweiten Weltkriegs der Herrscher Vietnams gewesen Während seines

Aufenthalts in Frankreich war er einer der deutlichsten Befürworter der vietnamesischen Unabhängigkeit während des Ersten Weltkriegs[3].

Während des Zweiten Weltkriegs verlor Frankreich vorübergehend die Kontrolle über das Gebiet Japaner fielen ein. Nach dem Krieg versuchten die Franzosen, die Kontrolle wiederzugewinnen. Der vietnamesische Staatschef Ho Chi Minh erklärte im September seine Unabhängigkeit 2.1945, kurz nach der japanischen Kapitulation. Der Indochina-Krieg zwischen Vietnam und Frankreich bestanden von 1945 bis 1954. Mit erheblicher Unterstützung Vom Vorsitzenden Mao in China besiegte Ho Chi Minh die Franzosen Schlacht von Dien Bien Phu im Mai 1954.

Am Ende des Zweiten Weltkriegs kam es zu einem weltweiten Konflikt zwischen den Kapitalisten und Kommunismus. Die kommunistischen Länder, insbesondere die UdSSR, inbrünstig wollte, dass die Welt kommunistisch wird und die Welt davon befreit Ketten des Kapitalismus. Die Westmächte, angeführt von den Vereinigten Staaten, wollten die Welt frei von der Tyrannei des totalitären Kommunismus zu machen. Folglich, Beide Seiten gaben enorme Summen für ihr Militär aus. Infolge, Es gab sporadisch kleine Kriege, die über die ganze Welt verstreut waren, wie z Kommunistische Revolution in China (1945-1949), die Berlin-Blockade (1948- 1949), der Koreakrieg (1950-1953), die Ungarische Revolution (1956), die Suezkanalkrise (1956), Berlin-Krise (1961), Kubakrise (1962) und dann der US-Vietnamkrieg (1964-1975). Zur gleichen Zeit In dieser Zeit konkurrierten die USA und die Sowjetunion politisch in Lateinamerika. der Nahe Osten, Afrika, Asien und Ozeanien.[4]

Die Vietminh-Streitkräfte wurden am 19. Mai 1941 von der Kommunistischen Partei Indochinas offiziell gegründet, um den Demokratischen Staat Vietnam zu bilden. Sie ermahnte „Soldaten, Arbeiter, Bauern, Intellektuelle, Beamte, Kaufleute, junge Männer und Frauen, um die französischen Schakale und die Japaner zu stürzen Faschisten." Die Việt Minh etablierten sich als einzige organisierte Anti-Franzosen und antijapanische Widerstandsgruppe. Es eroberte

---

[3] https://www.history.com/topics/vietnam-war/ho-chi-minh-1, accessed February 18, 2023.
[4] https://en.wikipedia.org/wiki/Cold_War

schließlich die nordvietnamesische Stadt Hanoi und erklärte einen demokratischen Staat Vietnam (oder Nordvietnam). Vietnam) mit Ho Chi Minh als Präsident für die nächsten 25 Jahre[5]. Aber die Die Franzosen zögerten, das Land zu verlassen, und so kämpften sie gegen die Streitkräfte von Ho Chi Minh.

Allerdings ist er als Präsident der Vereinigten Staaten sehr hoch angesehen Der General der Armee, Dwight Eisenhower, unterstützte ihn weder, noch mischte er sich ein mit dem französischen Engagement in Südvietnam noch zur Rettung beigetragen Französisch im Jahr 1954[6]. Er plädierte auch nicht für ein Engagement in Vietnam verhindern, dass es von den kommunistischen Kräften Vietnams überrannt wird wurde später zum Vietcong.

Er half jedoch den Vereinigten Staaten, die Verantwortung von Frankreich zu übernehmen Um Südvietnam zu schützen, handelte die Organisation des Südostasienvertrags (SEATO) aus und verpflichtete die Vereinigten Staaten unter Auflagen zum Schutz Indochina und gewährte dem Süden 7 Milliarden US-Dollar an Wirtschafts- und Militärhilfe Vietnam von 1955-1961.

Im April 1954 erklärte Eisenhower: „Die möglichen Folgen des Verlustes (von Indochina) sind für die freie Welt einfach unkalkulierbar. ...dass wenn Indochina Fällt es, würde der Rest Südostasiens „sehr schnell übergehen" wie ein „Streit". von Dominosteinen..."[7]

Die Domino-Theorie besagt, dass ein Satz Dominosteine in einer Reihe aufgestellt wird oder Kurve: Wenn ein Dominostein umkippt, wird der nächste umgeworfen schlägt den nächsten um, bis es keinen mehr gibt, den man umwerfen kann. Für die Soldaten, die ich kannte, bedeutete es jedoch wenig. Es hat die USA nicht motiviert Bevölkerung, die wie ich die emotionalen, politischen, ideologischen, und soziale Katastrophe eines kommunistischen Sieges in Südostasien, geschweige denn des Kalten Krieges. Einige Politiker

---

[5] https://en.wikipedia.org/wiki/Viet_Minh
[6] McNamara, Robert S., In Retrospect – The Tragedy and Lessons of Vietnam," page 358
[7] McNamara, In Retrospect, page 31

und die großen Militärführer sprachen über die Domino-Theorie. Wenn Vietnam den Kommunisten zum Opfer fällt, dann ganz Südostasien wird den Kommunisten zum Opfer fallen. Dann dauert es nicht mehr lange bevor der Rest der Welt kommunistisch wird und dann auch die USA fallen.

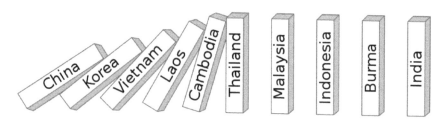

Abbildung 1 Domino-Theorie – Wenn der erste fällt, fallen alle

Überraschenderweise war Laos damals wichtiger als Vietnam. Ein RAND (Abkürzung für Research & Development) Unternehmensstudie zusammengefasst die Laos als: „Kaum eine Nation außer im rechtlichen Sinne. Es fehlte die Fähigkeit um seine kürzliche Unabhängigkeit zu verteidigen. Seine Wirtschaft war unterentwickelt Die Verwaltungskapazität war primitiv, die Bevölkerung war ethnisch gespalten und regional, und seine Elite ist uneinig, korrupt und führungsunfähig." Aber dieses Der schwache Staat war der „Korken in der Flasche", wie Präsident Dwight D. Eisenhower sagte. der scheidende US-Präsident, zusammengefasst in seinem Treffen mit Präsident John F. Kennedy, der neue Präsident: „Sein Verlust ist der Beginn des Verlust des größten Teils des Fernen Ostens."[8]

Zuvor hatte die Eisenhower-Administration jahrelang an der Schaffung gearbeitet eine starke antikommunistische Bastion in Laos, ein Bollwerk gegen Kommunisten China und Nordvietnam. Obwohl diese Strategie auf einer Karte attraktiv war, war sie es völlig im Widerspruch zu den Merkmalen des laotischen Staates und Volkes.[9] Die Übergangstreffen zwischen der scheidenden Eisenhower-Regierung und die neue Regierung Kennedy kam zu einem gemischten Ergebnis die Vietnam-Situation. So sagte Eisenhower: „Wenn Laos verloren wäre, wäre alles verloren." Südostasien würde

---

[8] https://history.state.gov/milestones/1961-1968/laos-crisis
[9] https://history.state.gov/milestones/1961-1968/laos-crisis

fallen. Im Umkehrschluss müsste der Westen tun alles Notwendige getan, um dieses Ergebnis zu verhindern."

Daher sagte Präsident Kennedy in seiner Antrittsrede 1961: „Lassen Sie Jede Nation weiß, ob sie uns gut oder schlecht wünscht, dass wir sie bezahlen werden Preis, tragen Sie jede Last, nehmen Sie jede Not auf sich, unterstützen Sie jeden Freund, widersetzen Sie sich jeden Feind, um das Überleben und den Erfolg der Freiheit zu sichern. So viel wir Versprechen – und mehr."[10]

Zu diesem Zeitpunkt waren China und Nordkorea dem Kommunismus zum Opfer gefallen. Die Angst war, dass, wenn auch Südvietnam dem Kommunismus zum Opfer fiel, dann der Rest des Südostens Asien (Laos, Kambodscha, Thailand usw., wie im Diagramm dargestellt) würde dies auch tun fallen. Daher wurde die Domino-Theorie zur zugrunde liegenden Strategie für Beteiligung der USA am Krieg. Ende 1960 gab es also 685 Militärangehörige Berater in Südvietnam[11]. Später erhöhte Präsident Kennedy die Zahl Anzahl der Berater auf 20.000.

Weder der US-Präsident, noch US-Politiker, noch die US-Regierung verkaufte den Krieg effektiv an die amerikanische Öffentlichkeit, geschweige denn an die Weltöffentlichkeit. Es gab keine Propagandafilme, keine wirksamen politischen Kampagnen, Nichts. Es gab nur ein vages Konzept namens Domino-Theorie.

Wer wollte also schon für den Domino schwer verletzt werden oder sterben Theorie? Wer war bereit, seine Kinder zum Kämpfen, zum Sterben oder zum Sein zu schicken? wegen der Domino-Theorie verletzt? Während die Leute verstanden und bereitwillig Unterstützung bei der Abwehr der kommunistischen Bedrohung in Europa gab es kaum Heimunterstützung, um „unsere Jungs" in ein

---

[10] https://ushistoryscene.com/article/president-john-f-kennedys-inaugural-address-1961/
https://www.ourdocuments.gov/doc.php/print_friendly.php?flash=false&page=&doc=9 1&title=President+John+F.+Kennedys+Inaugural+Address+%281961%29
[11] https://www.gale.com/binaries/content/assets/gale-us-en/primary-sources/archives-unbound/primary-sources_archives-unbound_u.s.-military-advisory-effort-invietnam_military-assistance-advisory-group-vietnam-1950-1964.pdf

fremdes Land auf der anderen Seite zu schicken Welt, von der die meisten von uns noch nie gehört hatten. Als es ein paar Berater waren die Freiwilligen waren, kümmerten sie sich nicht darum und schenkten ihnen auch nicht viel Aufmerksamkeit. Jedoch, Nach einigen Jahren des Entwurfs zeigte das Fernsehen täglich Kriegsfilme Todesfälle, die Zerstörung und der Mangel an politischer Führung, die meiste Unterstützung denn der Krieg ließ nach und verflüchtigte sich dann.

Präsident Johnson versuchte, den Krieg zu beenden. 1964 sagte er: „Es geht uns nicht darum amerikanische Jungen neun- oder zehntausend Meilen von zu Hause wegzuschicken, um dies zu tun was asiatische Jungen für sich tun sollten."[12]

Drei Jahre später sagte er: „Unser Ziel in Vietnam ist es, den Erfolg zu verhindern." der Aggression. Es geht nicht um Eroberung, es geht nicht um Imperium, es geht nicht um ausländische Stützpunkte ist keine Herrschaft. Es geht, einfach ausgedrückt, nur darum, die gewaltsame Eroberung zu verhindern Südvietnam durch Nordvietnam."[13]

Als ich vom 10. September 1970 bis zum 9. September in Vietnam war, 1971 motivierten diese Aussagen weder die Soldaten noch ihre Familien noch die Nation, den Krieg zu unterstützen. Einige der Soldaten, die ich kannte, dachten: „Wer will schon sterben für einen Krieg, den unser Land nicht unterstützt, während die Südvietnamesen sind korrupt und haben ein inkompetentes Militär?"

Meine Antwort, ob richtig oder falsch, war: „Lass uns unsere Arbeit machen, in Sicherheit sein und nach Hause gehen." Durch all unsere emotionalen Prüfungen, Auseinandersetzungen, Fehler und Erfolge ist das, was wir getan haben. Wir arbeiteten zusammen, gingen nach Hause und niemand kümmerte sich darum.

---

[12] Speech at Akron University, Akron, Ohio, 21 Oct. 1964
https://www.azquotes.com/ author/7511-Lyndon_B_Johnson/tag/vietnam-war
[13] Johnson, Lyndon B. (1967). "Public Papers of the Presidents of the United States: Lyndon B. Johnson, 1966", p.211, Best Books on
https://www.azquotes.com/ quote/148323

Nixon – „Frieden in unserer Zeit"

Der Krieg war noch im Gange, als ich Südvietnam verließ, aber in einer Ansprache an die Nation am 26. April 1972, die als „Frieden in unserer Zeit" bekannt wurde. Präsident Nixon änderte das Ziel der US-Streitkräfte. Er sagte: „Mein Freund Amerikaner, lasst uns daher als Nation in einer entschlossenen und weisen Politik vereinen echter Frieden – nicht der Frieden der Kapitulation, sondern Frieden mit Ehre – nicht nur Frieden in unserer Zeit, sondern Frieden für die kommenden Generationen."[14]

Ich vermute, dass dies später der Vorsitzende General Colin Powell motivierte der Vereinigten Stabschefs, die Powell-Doktrin zu formulieren, sich an einer Krieg „…in Bezug auf die nationalen Sicherheitsinteressen der USA, mit überwältigender Mehrheit Gewalt und breite öffentliche Unterstützung."[15]

Was die Präsidenten während des Vietnamkrieges nicht taten, war zu bekommen weder die öffentliche Unterstützung für den Krieg noch mit überwältigender Gewalt tun. Daher, Diese ineffektive politische Strategie unterstützte die Strategie des Vorsitzenden Mao Langwieriger Krieg, der einen Gegner zermürben sollte, der es nicht kann die Bereitschaft, einen hundertjährigen Krieg zu führen. Darüber hinaus befürwortete Mao Angreifen, wo der Feind schwach ist. Ziehen Sie sich von dort zurück, wo sie stark sind. Vermeiden Sie direkte Konflikte mit einer starken Macht.

Darüber hinaus sagte Ho Chi Minh: „Sie können für jeden zehn unserer Männer töten." Einer, den wir von dir töten. Aber selbst bei diesen Chancen werden Sie verlieren, und wir werden es tun gewinnen."[16]14 Ho Chi Minh verstand, dass es an politischer Unterstützung mangelte für den Krieg in den USA, während er in Nordvietnam und Nordvietnam starke Unterstützung hatte sogar etwas Unterstützung in Südvietnam.

---

[14] https://www.nixonfoundation.org/2022/04/peace-generations-come/ Accessed Dec 4, 2022.
[15] https://en.wikipedia.org/wiki/Colin_Powell
[16] https://www.brainyquote.com/quotes/ho_chi_minh_347067 C

würde dies tun machen es extrem schwierig, feindliche Einheiten zu finden und zu bekämpfen … Die Erfahrung Vietnams im Dschungel und im Guerillakrieg würde ernsthafte Probleme mit sich bringen. selbst für gut ausgestattete und sehr mobile US-Stammgäste. Das haben sie geglaubt Die verhängte Strafe könnte und würde von den Hanoi aufgefangen werden Führung, weil das Land eine Subsistenzwirtschaft mit Schwerpunkt auf war autarke Dörfer.[24] Und dass die Luftangriffe nicht funktionieren würden.[25]

Wie die Washington Post in einer Rezension seines Buches „In Retrospect – The" schrieb Tragödie und Lehren aus Vietnam: „Er (McNamara) und seine Kollegen, darunter Außenminister Dean Rusk und nationaler Sicherheitsberater McGeorge Bundy, waren weder dumm noch korrupt. Betitelt als „das Beste und das „Die klügsten", sie waren alle kluge, engagierte Menschen, die „gemäß gehandelt haben was wir für die Prinzipien und Traditionen dieser Nation hielten. Doch wir waren falsch, furchtbar falsch. Wir sind es künftigen Generationen schuldig, dies zu erklären Warum." Seine Antwort ist größtenteils, dass sie nicht herausfinden konnten, was sie tun sollten Sie stolperten einfach voran, getragen von Wunschdenken."[26]

Die Pentagon-Papiere

„Im Juni 1967 erteilte Verteidigungsminister Robert McNamara den Auftrag eine umfassende Studie über den Vietnamkrieg, die später bekannt wurde als „Die Pentagon-Papiere." Es löste einen großen politischen Feuersturm aus."

„McNamara war ein führender Befürworter des US-Engagements in Vietnam, Doch 1967 war er vom Krieg desillusioniert und glaubte nicht mehr daran die Richtlinien, an deren Einführung er so maßgeblich beteiligt war."

Während die Organisation auch eine politische Führung innehatte, befasste sie sich in erster Linie mit militärischen Aktionen und umfasste die Kräfte, die während des Krieges gegen die Vereinigten Staaten und ihre Verbündeten kämpften Vietnamkrieg. https://classroom.synonym.com/difference-between-viet-cong-and-viet minh-12083891.html

[24] Page 208 McNamara, In Retrospect, 1996
[25] Page 114, McNamara, In Retrospect, 1996
[26] https://www.washingtonpost.com/archive/politics/1995/04/09/mcnamara-writesvietnam-mea-culpa/a85cc058-54fe-4074-bda3-b374885ede8f/

„Die Studie umfasste 47 Bände, insgesamt 7.000 Seiten. Davon 3.000 Seiten Es handelte sich um historische Studien und die anderen 4.000 Seiten waren Regierungsdokumente. Der offizielle Titel lautete „Beziehungen zwischen den USA und Vietnam, 1945–1967: Geschichte des US-Entscheidungsprozesses zur Vietnam-Politik." Es trug den Titel „The „Pentagon Papers" durch die Nachrichtenmedien im Jahr 1971."

„Es wurden nur 15 Kopien der Studie hergestellt.[27] Eine durchgesickerte Kopie erstellte eine großer politischer Feuersturm. Weitere Einzelheiten finden Sie in der angegebenen Fußnote.

Golf von Tonkin

Im Jahr 1964 wurde unter der Leitung des US-Verteidigungsministeriums der Süden gegründet Die vietnamesische Marine griff Kommunikationsstationen, Brücken und anderes an Ziele. Zur Unterstützung dieser Operationen wurde ein Zerstörer, die USS Maddox, eingesetzt. überwachte die Kommunikation in der Region. Mehrere nordvietnamesische Torpedos Boote waren auch in der Gegend. Die Maddox wurde beschossen, entging dem Schaden, und ein Torpedoboot wurde beschädigt. Die nordvietnamesische Ansicht war, dass die Maddox führte Operationen durch und war ein legitimes Ziel.

Es gab jedoch widersprüchliche Berichte darüber, ob der Angriff stattgefunden hatte oder war nicht vorgekommen. Viele Beobachter hatten das Gefühl, dass Präsident Johnson hinsah aus einem Grund, die Kriegsanstrengungen zu erhöhen und suchte nach einem Vorfall dazu die Unterstützung der Öffentlichkeit und des Kongresses wecken.[28]

Man hatte das Gefühl, dass der Vorfall nicht das Niveau erreichte, das eine Rechtfertigung rechtfertigte Krieg in vollem Umfang. Andere hingegen hielten es für zwingend notwendig, damit aufzuhören die kommunistische Aggression, bevor sie zu groß wurde. So glaubten einige dass die Regierung gelogen hat, um die USA in den Krieg zu

---

[27] https://www.airforcemag.com/article/0207pentagon/
[28] https://www.britannica.com/event/Gulf-of-Tonkin-incident

locken, während andere das glaubten dass die USA gerechtfertigt waren, um die Ausbreitung des Kommunismus zu stoppen.

Am 5. August 1964 verabschiedete der Kongress die Golf-von-Tonkin-Resolution, die den Präsidenten ermächtigte, alle notwendigen Maßnahmen zu ergreifen, um etwaige Angriffe abzuwehren US-Streitkräfte verhindern weitere Aggressionen und sorgen für Frieden und Sicherheit Südostasien, das für die Interessen der USA und den Weltfrieden von entscheidender Bedeutung war.[29]

Agent Orange

Im Guerillakrieg sind die Guerillas keine eigenständige Armee. Für jeden Guerillaeinheit besteht aus Menschen, Bauernhöfen, Unternehmen, Dörfern und Städten, die Bereitstellung von Waffen, Nahrungsmitteln, Kleidung, medizinischen Hilfsgütern, Munition usw Intelligenz.

Mitte 1961 beantragte der Präsident Südvietnams, Ngo Dihn Diem, dies USA führen Herbizideinsätze durch. Im November Präsident Kennedy genehmigte das Programm Operation Ranch Hand.[30]

Zwischen 1962 und 1971 versprühten die Vereinigten Staaten fast 20.000.000 Menschen Gallonen verschiedener Herbizide in Vietnam, Ost-Laos und Kambodscha, 2/3 davon waren 13.000.000 Gallonen Agent Orange[31] namens Operation Ranch-Hand.

Ziel war es, den Guerillas die Nahrungsversorgung aus den Reisfeldern zu entziehen und Ackerland sowie zur Zerstörung von Verstecken entlang von Straßen, Kanälen und Flüssen vor Hinterhalten sowie zur Verschleierung ihrer Stützpunkte und zur Räumung der Streifen Sie um US-Stützpunkte herum.[32]

[29] https://www.britannica.com/event/Gulf-of-Tonkin-Resolution
[30] https://en.wikipedia.org/wiki/Agent_Orange#cite_note-27
[31] https://www.history.com/topics/vietnam-war/agent-orange-1
[32] https://en.wikipedia.org/wiki/Agent_Orange#cite_note-27

Die US-Armee setzte hauptsächlich Hubschrauber und Tiefflieger ein gepanzerte Personentransporter, Last kraftwagen und Rucksäcke zum Versprühen von Agent Orange und anderen Herbiziden.[33] Betrieb Ranch Hand besprühte mehr als 20 % der Wälder. Die Hauptzutat Dioxin verbleibt im Boden, in See- und Flusssedimenten sowie in der

Nahrungskette. Es auch reicht sich im Fettgewebe von Fischen, Vögeln und anderen Tieren an. Also Menschen Der Verzehr von Fleisch, Geflügel, Milchprodukten, Eiern, Schalentieren und Fisch kommt ebenfalls in Betracht Bei Kontakt durch Sprühen oder durch die besprühte Vegetation absorbieren sie Dioxin.[34]

Abbildung 2 Army Huey-Hubschrauber sprüht Agent Orange über landwirtschaftlichem Land

Im Jahr 1988 schrieb Dr. James Clary, ein mit der Operation Ranch Hand verbundener Luftwaffenforscher, an Senator Tom Daschle: „Als wir das initiierten Als wir in den 1960er-Jahren ein Herbizidprogramm starteten, waren wir uns der möglichen Schäden bewusst aufgrund einer Dioxinverunreinigung im Herbizid. Da das Material jedoch gegen den Feind eingesetzt werden sollte, machte sich keiner von uns allzu große Sorgen. Wir Ich habe nie an ein Szenario gedacht, in dem unser eigenes Personal versinken würde mit dem Herbizid kontaminiert."[35]

Den US-Soldaten wurde mitgeteilt, dass es sich bei den versprühten Chemikalien um Laubpflanzen handele den Guerillas die Nahrungsversorgung zu entziehen und sollte keine Probleme verursachen.
Mehrere Soldaten meiner Einheit sagten jedoch zu mir: „Sir, wir sind eine Farm." Jungen. Zur Schädlings- und Unkrautbekämpfung setzen

---

[33] https://commons.wikimedia.org/wiki/File:US-Huey-helicopter-sprayingAgent-Orange-in-Vietnam.jpg https://www.vietnam.ttu.edu/virtualarchive/items.php?item=VA042084
[34] https://www.history.com/topics/vietnam-war/agent-orange-1
[35] https://www.history.com/topics/vietnam-war/agent-orange-1

wir Chemikalien ein. Das ist kein Insektenspray Mücken töten. Was ist das für ein Zeug?"

Ich vertraute den Soldaten und ging der Sache nach. Ich habe einen Luftwaffenstützpunkt gefunden, auf dem diese Flüge stattfinden kam aus. Die Leute dort sagten mir mehrmals: „Sir, das ist ein Insektenspray töte die Mücken."

Einige Jahrzehnte später mehrere meiner Freunde aus verschiedenen Einheiten in Vietnam litt unter den Folgen von Agent Orange. Zähne fallen aus. Gesichtszüge verfallen. Herzinsuffizienz. Nach langem Überreden oder Belästigen meinerseits, einer meldete sich schließlich bei der Veterans Administration (VA) an. Sie haben ihn geschickt zum Cleveland Medical Center, wo er eine komplette Herztransplantation erhielt und gewann ein neues Leben. Anstatt lautlos wie Unkraut zu verwesen, war er in der Lage um einen Teil seines Lebens zurückzugewinnen. Es gab mehrere andere solcher Soldaten Dass ich jedoch mit ähnlichen Erfahrungen dazu ermutigt habe, mich bei der VA anzumelden nicht so schwerwiegend wie gerade erwähnt.

In meiner Einheit hatten wir Glück. Fast jede Nacht hatten wir Zugang zu Duschen und relativ saubere Kleidung. Wir konnten den Straßenstaub und Dreck entfernen aus unserem Engineering-Bereich. Unwissentlich hatten wir Glück während andere es nicht waren. Doch Jahrzehnte später weiß ich nicht, ob irgendjemand in der Das Unternehmen litt unter Agent Orange.

Jahrzehnte später ärgerte sich ein Oberfeldwebel der Luftwaffe sehr über mich, weil ich es nicht getan hatte Anmeldung bei der VA. Also schlenderte ich widerwillig zum nächsten Büro. Die Person, die meine Daten entgegennahm, war auch verärgert darüber, dass ich mich nicht angemeldet hatte früher. Ein paar Wochen später hatte ich eine Untersuchung und erhielt per Post eine dicke Nachricht Paket. In einem Brief hieß es: „Wenn Sie an einer dieser Krankheiten leiden, ist dies vermutlich der Fall Es wird angenommen, dass sie von Agent Orange-Expositionen in Vietnam stammen. Die VA übernimmt alle mit den Krankheiten verbundenen Kosten." Ich drückte beiläufig darauf Ich las das Halbzoll-Dokument durch und zuckte sarkastisch mit den Schultern denken: „Richtig…"

Meine Frau, Gott segne sie, hat jedoch das gesamte Dokument sorgfältig gelesen. ICH dachte, sie würde ohnmächtig werden. Sie war sichtlich verärgert und besorgt über meine Gesundheit; mehr als ich. Ich habe großes Glück, so einen zu haben aufmerksamer Ehepartner. Nicht jeder tut es. Das ist wahrscheinlich der Grund, warum ich überlebt habe so lange. In dem Brief wurde etwas anderes erwähnt. „Ihre Kinder vielleicht auch Ich leide unter Ihrem Kontakt mit Agent Orange ..." Das machte mir Sorgen was bis heute anhält.

Hier ist eine unvollständige Liste einiger mit Agent Orange in Zusammenhang stehender Krankheiten und denen US-G.I.s sowie vietnamesische Soldaten und Zivilisten ausgesetzt waren bis ab 2020:

Chronische B-Zell-Leukämie
Hodgkin-Krankheit
Multiples Myelom
Non-Hodgkin-Lymphom
Prostatakrebs
Atemwegskrebs
Weichteilsarkome
Ischämische Herzerkrankung
Chlorakne
Porphyria cutanea tarda
Parkinson-Krankheit
Periphere Neuropathie
Typ 2 Diabetes mellitus
AL-Amyloidose[36]

Weitere aufschlussreiche und entmutigende Details finden Sie im Anhang.

Die USA bestreiten die Südvietnamesen Die Regierung schätzt, dass drei Millionen Vietnamesen waren negativ betroffen betroffen von Agent Orange und verwandten Chemikalien und die USA bestreiten die Roten Cross schätzt, dass es eine Million gibt erlitten.[37] Darüber hinaus behauptet Vietnam Eine halbe Million Kinder wurden geboren mit schweren Geburtsfehlern.[38]

---

[36] https://www.hillandponton.com/agent-orange-and-your-body-symptoms/
[37] https://en.wikipedia.org/wiki/Agent_Orange#cite_note-27
[38] https://www.history.com/topics/vietnam-war/agent-orange-1

Das Bild zeigt eine Person bei der Geburt Deformitäten im Zusammenhang mit der vorgeburtlichen Exposition gegenüber Agent Orange. Er ist Er bettelt um Geld, während er höchstwahrscheinlich seine schwere Armdeformität zeigt im Zusammenhang mit der Exposition

Abbildung 3 Eine Person mit Geburt Deformitäten im Zusammenhang mit pränatalen Kontakt mit Agent Orange

Abbildung 4 behinderten Kinder Opfer von Agent Orange

gegenüber dem Wirkstoff Orange, als er schwanger war und schwanger war Mutter war der entlaubenden Chemikalie Dioxin ausgesetzt.[39]

Hier abgebildet ist Ho-Chi-Minh-Professor Nguyen Thi Ngoc Phuong Tu Du Geburtshilfe und Gynäkologie Krankenhaus. Sie ist mit einer Gruppe abgebildet der meisten.[40]

Weder die Soldaten noch ich wussten davon die hier präsentierten Informationen. Dort Es bestand der Verdacht, dass es eine gab Problem, aber wir haben dem grundsätzlich vertraut System. Doch ... es gab Zweifel.

Massaker von Mai Lai

Im Jahr 1968 führten die Nordvietnamesen einen Großangriff im gesamten Süden durch Vietnam. Im Rahmen der Gegenoffensive wurde im März ein Zug beordert 16.1968, um jeden Kommunisten im Dorf Mai auszurotten Lai.[41] Der Zug tötete zwischen 347 und 504 Männer, Frauen, Kinder und Kleinkinder. Einige wurden von Gruppen

---

[39] Emilio Labrador from Davie (South Florida), USA - Agent Orange Deformities. https:// commons.wikimedia.org/wiki/File:Agent_Orange_Deformities_(3786919757).jpg
[40] https://commons.wikimedia.org/wiki/File:A_vietnamese_Professor_is_pictured _with_a_group_of_handicapped_children.jpg
[41] https://www.youtube.com/watch?v=n4Qr8oW1QS4

vergewaltigt. Sechsundzwanzig Soldaten wurden angeklagt, nur der Ersatzmieter William Calley Jr. wurde für schuldig befunden zweiundzwanzig Dorfbewohner zu töten. Er war zu einer

lebenslangen Haftstrafe verurteilt, verbüßte jedoch dreieinhalb Jahre unter Hausarrest. Der Die Befehlskette versuchte zu decken den Vorfall aufklären. Als die Nachricht bekannt wurde es trug zu mehr Antikriegsbewegung bei.[42] Die Veranstaltung stimulierte Viele nennen GIs „Babymörder".

Abbildung 5 Die Folgen des Mai Lai

Während all dies in berichtet wurde Die Medien machten mir mehr Sorgen über den College-Abschluss, Zusammenarbeit mit der US-Armee in Europa und genießen Sie unterhaltsame Reisen Europa erkunden und umwerben meine zukünftige Ehefrau. Auch während ich dort war in Deutschland stationiert, der einzige Englische Nachrichtenmedien, auf die ich Zugriff hatte to war die unabhängige Zeitung Stars and Stripes und Armed Forces Radio. Ich war mir also nur vage bewusst von Mai Lai.

Antikriegsproteste

„Am 11. Juni 1963 verbrannte sich der buddhistische Mönch Thích

Quảng Đức aus Protest gegen Diệms Politik an einer belebten Straßenkreuzung in Saigon. [43]

Als Reaktion auf die buddhistische Selbstverbrennung als eine Form des Protests sagte Madame Nhu – die damalige faktische First Lady von Südvietnam (und die Frau von Ngô Đình Nhu, dem Bruder und

Abbildung 6 Das Foto wurde zum Symbol dafür Antikriegsbewegung

---

[42] https://en.wikipedia.org/wiki/M%E1%BB%B9_Lai_massacre
https://en.wikipedia.org/wiki/Hugh_Thompson_Jr.
[43] https://en.wikipedia.org/wiki/Th%C3%ADch_Qu%E1%BA%A3ng_%C4%90%
E1%BB%A9c#/media/File:Th%C3%ADch_Qu%E1%BA%A3ng_%C4%90%E1
%BB%A9c_self-immolation.jpg

Chefberater von Diệm) „Lasst sie brennen und wir werden in die Hände klatschen" und „Wenn die Buddhisten noch einmal grillen wollen, stelle ich gerne Benzin und ein Streichholz zur Verfügung."[44]

Die Soldaten, die ich in Vietnam kannte, waren sich der Unbeliebtheit des Krieges zu Hause in den USA bewusst. So wie die Nachrichtenmedien den Krieg jeden Abend im Fernsehen zeigten

Abbildung 8 Typische Studentendemonstranten marschieren

Abbildung 7 König spricht mit einem Anti-Vietnam Kriegskundgebung an der University of Minnesota in St. Paul, 27. April 1967

Mit fortschreitendem Krieg nahmen die Antikriegsproteste zu. Die Soldaten, die ich in Vietnam kannte, waren sich der Unbeliebtheit des Krieges zu Hause in den USA bewusst. So wie die Nachrichtenmedien den Krieg jeden Abend im Fernsehen zeigten Amerikanische Häuser und der Luftzug wurden stärker, die Proteste häuften sich Teilnehmer. Viele davon befanden sich auf Universitätsgeländen überall in den USA. Ein früher war von Studenten marschieren während der Zeit des Vietnamkrieges die Langdon Street an der University of Wisconsin Madison entlang (1965).[45]

Martin Luther King war Baptist Pastor des Afroamerikaners Gemeinschaft und die Prominenten Persönlichkeit, die sich für die Zivilgesellschaft einsetzt Rechte für seine Gemeinschaft. Sein Die Menschen waren nicht gleichberechtigt für Wahlen, Wohnen, Finanzierung, Bildung, Arbeit und Alltag Interaktionen mit vielen Weißen Gemeinschaft. Er fühlte: Warum

---

[44] https://en.wikipedia.org/wiki/Buddhist_crisis
[45] Student_Vietnam_War_protesters.JPG(510 × 450 pixels, file size: 71 KB, MIME type: image/jpeg)
https://commons.wikimedia.org/wiki/File:Student_Vietnam_War_protesters.JPG#/media/File:Student_Vietnam_War_protesters.JPG

sollte das so sein? Der Neger kämpft in einem fernen Krieg wenn er diese Rechte nicht haben kann in seiner Heimat. Letztlich, er empfand

den Krieg als ungerecht. Folglich im Wahlkampf für Bürgerrechte sein Volk. König begann sich zunehmend zu äußern gegen den Krieg.[46] Mohammad Ali gegen George Eine berühmte Schwergewichtswelt Champion-Boxer, Mohammad Ali, [47] protestierte auch als Afrikaner dagegen Amerikanischer Mann, er konnte nicht verstehen, warum Er sollte in Weiß gehen und kämpfen Männerkrieg als

Abbildung 9 Mohammad Ali gegen George Foreman, 30. Oktober 1974, „Rumble in the Dschungel.

Afroamerikaner in den USA sind die Menschen nicht frei. Er sagte: „Ich habe keinen Streit mit ihnen, Vietcong." Die Medien verunglimpften ihn, die Regierung klagte ihn dafür an Ausweichen vor dem Draft und die Boxkommission entzog ihm seine Boxlizenz.[48]

Mit der Dauer des Krieges wurden die Proteste dagegen immer größer. An Am 20. Januar 1969 wurden bei einer Protestveranstaltung Luftballons fre igelassen, von denen jeder einen US-Amerikaner darstellte Soldat in Vietnam getötet.[49] Die Studentenproteste wurden immer zahlreicher emotional und gewalttätig. Allerdings

Abbildung 10 Symbolische Darstellung der amerikanischen Toten in Vietnam

[46] https://en.wikipedia.org/wiki/Beyond_Vietnam:_A_Time_to_Break_Silence#/media/File:Martin_Luther_King_Jr_St_Paul_Campus_U_MN.jpg CC BY-SA 2.0 File:Martin Luther King Jr St Paul Campus U MN.jpg Created: 27 April 1967
[47] https://upload.wikimedia.org/wikipedia/commons/5/5f/Ali_hitting_foreman
[48] https://aaregistry.org/story/muhammad-ali-stripped-of-title-for-opposing-vietnam-war/
[49]https://upload.wikimedia.org/wikipedia/commons/0/0d/%22Lie_down_and_be_counted%22_Anti-Vietnam_War_Demonstration.jpg By Hartmut Schmidt, Heidelberg - Own work, CC BY-SA 4.0, https://commons.wikimedia.org/w/index.php?curid=93086152

war ihnen egal darüber, dass andere Rassen kommunistisch werden oder einfach nicht gehen wollen.

Andere hatten jedoch politische und moralische Gefühle gegenüber dem Krieg. Bei der Zu Beginn der Proteste gehörten auch viele Studenten zu der lautstarken Minderheit als prominente Künstler, Intellektuelle und Mitglieder der „Hippie"-Bewegung, Dies war die wachsende Zahl überwiegend junger Menschen, die ablehnten Autorität und nahm die Gegenkultur an."[53]

„Im November 1967 näherte sich die Stärke der amerikanischen Truppen in Vietnam 500.000 und die Zahl der Opfer in den USA belief sich auf 15.058 Tote und 109.527 verwundet. Der Vietnamkrieg kostete die Vereinigten Staaten rund 25 Milliarden Dollar pro Jahr, und die Ernüchterung begann, größere Teile von zu erreichen die steuerzahlende Öffentlichkeit…. Jeweils 40.000 junge Männer wurden zum Dienst einberufen Monat, der das Feuer der Antikriegsbewegung weiter anheizt."[54]

Im Laufe der Geschichte gab es Lieder des Protests und deren Unbeliebtheit Der Vietnamkrieg brachte eine ganze Reihe neuer hervor. Früher der 1960er Jahre, viele populäre Lieder wie „Where Have All the Flowers Gegangen?" vom Kingston Trio waren Einwände gegen die Sinnlosigkeit des Krieges in der im Zuge der Angst vor der Kubakrise. Aber wie der Vietnamkrieg nahm Fahrt auf und begann, in die Häuser Mittelamerikas vorzudringen, Die Lieder wurden spezifischer, da sie nicht nur auf den Krieg im Allgemeinen abzielten, sondern auch auf den Krieg insbesondere der Vietnamkrieg.

Mitte der 1960er Jahre erschienen Phil Ochs „I Ain't Marching Anymore" und Richie Havens' „Handsome Johnny" waren Proteste gegen Vietnam. Im Laufe des Jahrzehnts Die Lieder wurden mit der Zeit der Singer/Songwriter immer schriller und politisierter ließen ihre Wut über das gesamte Konzept des Krieges in ihre Musik einfließen wie „Long Time Gone" von Crosby, Stills und Nash (inspiriert von den Attentaten auf MLK und RFK) und „Ohio", inspiriert von den Morden im Kent State. Sogar die Die Beatles wollten „Revolution"

[53] https://www.history.com/topics/vietnam-war/vietnam-war-protests
[54] https://www.history.com/topics/vietnam-war/vietnam-war-protests

und die Rolling Stones sangen „Street Fighting". Man", Lieder, die alle aus dem Tumult und der Turbulenz der Zeit entstanden sind.

1969 plädierte John Lennon: „Gib dem Frieden eine Chance." Später schrieb er „Imagine", ein Lied über Frieden und Einheit, das zum Klassiker wurde. Es gab viele andere „...populäre Lieder, die zu einer Hymne für diese Generation wurden. Phil Ochs schrieb „What Are You Fighting For?" im Jahr 1963 und „I Ain't Marching Anymore" im Jahr 1965...Pete Seegers „Bring ‚Em Home" (1966), In „Fortunate Son" von Creedence Clearwater Revival heißt es, die Armen hätten nichts bekommen aus dem Krieg, während die gut vernetzten Söhne zu Hause in Sicherheit waren.[55]

Die Organisation „Vietnam-Veteranen gegen den Krieg", viele davon waren im Rollstuhl und auf Krücken schlossen sich den Protesten an. Der Anblick dieser Männer im Fernsehen, als sie ihre im Krieg gewonnenen Medaillen wegwarfen viel, um Menschen für die Antikriegssache zu gewinnen."[56]

Proteste, als ich 70-71 in Vietnam war

Als sich die Haltung der USA und der Europäer gegenüber dem Krieg stark veränderte Massenproteste nahmen zu. Am 24. April 1971 in Washington DC gab es Antikriegsproteste. Die Leute trugen Plakate mit der Aufschrift „Veteranen und KRIEGSScheiße – JETZT ERHÄLTLICH."[57]Einer derEiner der größten war der Protest am 1. Mai 1971 in Washington, D.C. Welche geschah gleichzeitig Mal befahl ich ein Ingenieurbüro in Vietnam. Diese Proteste löste bei vielen Zweifel aus die Soldaten. Jedoch, Sie haben alle ihren Job gemacht und Soldat weiter. Diese Proteste waren ein Reihe groß angelegter Aktionen des zivilen Ungehorsams in Washington, D.C. Sie begann am Montagmorgen, dem 3. Mai, und endete am 5. Mai. Mehr als 12.000 Menschen wurden festgenommen, die größte Massenverhaftung in der Geschichte der USA. Der Die

---

[55] https://www.history.com/topics/vietnam-war/vietnam-war-protests
[56] https://www.history.com/topics/vietnam-war/vietnam-war-protests
[57] Photo by Leena A. Krohn. This file is licensed under the Creative Commons Attribution-Share Alike 3.0 Unported license.
https://commons.wikimedia.org/wiki/
File:Vietnam_War_protest_in_Washington_DC_April_1971.jpg

Bundesregierung rief die US-Parkpolizei und die DC-Polizei zum Einsatz 82. Luftlandedivision, die US-Nationalgarde und die US-Marine Korps. Ungefähr 19.000 Bundestruppen, Nationalgardisten und Die örtliche Polizei war beteiligt.

Mehr als 40.000 Demonstranten kampierten im West Potomac Park in der Nähe Potomac River, um Rockmusik zu hören und die

bevorstehende Aktion zu planen.

Mitglieder der Nixon-Administration würden die Ereignisse als solche betrachten schädlich, weil die Reaktion der Regierung als verletzend empfunden wurde Bürgerrechte der Bürger.[58]

Abbildung 13 Antikriegsprotest gegen den Vietnamkrieg in

Auch in Europa kam es zu groß angelegten Protesten.

Also fragten die Soldaten weiterhin: „Warum sind wir hier? Interessiert es irgendjemanden?"

Jane Fonda war eine äußerst berühmte Filmschauspielerin, Umweltschützerin, und politischer Aktivist. Sie führte energisch Proteste gegen den Vietnamkrieg an. Aufgrund ihres Status gewannen die Bemühungen zur Bekämpfung des Vietnamkrieges an Bedeutung Schwung.

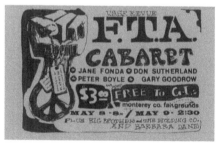

Abbildung 14 Flyer für Jane Fondas Fuck the Army (FTA)-Kundgebung

---

[58] https://en.wikipedia.org/wiki/1971_May_Day_protests

Sie und andere Antikriegsaktivisten wie Paul Newman, Dr. Spock und die Smothers Die Brüder Walter Cronkite und andere sprachen sich

Abbildung 15 Jane Fonda bei der Pressekonferenz in

aktiv gegen den Krieg aus. Sie half bei der Organisation einer Truppe, die den US-Soldaten Unterhaltung bieten sollte der sich gegen den Krieg in Vietnam aussprach. Die Truppe namens FTA (Fuck The Army) führte Lieder, Comedy-Sketche und dramatische Lesungen auf. Die Show tourte außerhalb von Militärstützpunkten in den Vereinigten Staaten und für im Ausland stationierte GIs der pazifische Rand. Andere Prominente und Entertainer schlossen sich Fonda für FTAs an darunter der Schauspieler und Aktivist Donald Sutherland (bekannt für seine Rolle). im Satirefilm MASH, 1970), Komiker und Bürgerrechtler Dick Gregory und die Folksängerin und langjährige Aktivistin Barbara Dane.[59]

Den meisten Menschen unbekannt, gab es zwischen 1965 und 1972 fast 300 Amerikaner – hauptsächlich Bürgerrechtler, Lehrer und Pfarrer – reisten in den Norden Vietnam, um die Kriegssituation mit den Vietnamesen aus erster Hand zu sehen. Nachricht Die Medien in den Vereinigten Staaten vertraten überwiegend einen US-amerikanischen Standpunkt und Amerikanische Reisende nach Vietnam wurden bei ihrer Rückkehr routinemäßig schikaniert in die Staaten. Jane Fonda besuchte auch Vietnam.[60]

Während ihrer zweiwöchigen Tour machte sie Radiosendungen im Hanoi Radio. Sie beschrieb ihre Besuche in Dörfern, Krankenhäusern, Schulen und Fabriken, in denen dies der Fall war wurde bombardiert

---

[59] https://ushistoryscene.com/article/fta/ Dieses Bild kann mit freundlicher Genehmigung unter http://people soralhistoryprojectmc.org/historical-photos-of-activism-monterey-county/ gefunden werden von Corey Miller. Dieses Ticket stammt vom FTA-Auftritt in Monterey, Kalifornien (von Peoples Oral History Project Monterey County).
[60]https://upload.wikimedia.org/wikipedia/commons/thumb/3/3b/Jane_Fonda_1 975d. jpg/1024px-Jane_Fonda_1975d.jpg

verstümmelte sie indirekt viele US-amerikanische und südvietnamesische Soldaten. Das Vorgehen von Jane Fonda war für viele Soldaten ein schwerer Schlag. Sie half bei der Pflege Gefühl: „Interessiert es irgendjemanden?"

Bui Tin, ein ehemaliger Oberst der nordvietnamesischen Armee, beantwortete Fragen in einem Interview, das Stephen Young, ein Anwalt und Menschenrechtsaktivist aus Minnesota, führte. Bui Tin, der im Generalstab der nordvietnamesischen Armee diente, erhielt am 30. April 1975 die bedingungslose Kapitulation Südvietnams. Später wurde er Herausgeber der offiziellen vietnamesischen Zeitung. Später zog er nach Paris, wo er vom vietnamesischen Kommunismus desillusioniert wurde.

Er sagte: „Hanoi beabsichtigte, die Amerikaner durch einen langen Krieg zu besiegen, der den amerikanischen Willen zum Kampf und zur Hilfe für Südvietnam brechen würde." Darüber hinaus sagte er, dass Ho Chi Minh sagte, dass die amerikanische Antikriegspolitik Weltkriegs waren wichtig für Hanois Sieg. Dass es für unsere Strategie von wesentlicher Bedeutung war. Die Unterstützung des Krieges von unserem Rücken aus war völlig sicher, während der amerikanische Rücken verwundbar war. Jeden Tag hörte unsere Führung um 9 Uhr morgens Weltnachrichten im Radio, um das Wachstum der amerikanischen Antikriegsbewegung zu verfolgen. Besuche von Menschen wie Jane Fonda und dem ehemaligen Generalstaatsanwalt Ramsey Clark sowie von Ministern in Hanoi gaben uns die Zuversicht, dass wir angesichts von Rückschlägen auf dem Schlachtfeld durchhalten sollten. Wir waren begeistert, als Jane Fonda in einem roten vietnamesischen Kleid auf einer Pressekonferenz sagte, dass sie sich für das amerikanische Vorgehen im Krieg schäme und dass sie mit uns kämpfen würde."

Oder in meinen Worten: „Töten und verstümmeln Sie einfach genug GIs, um in den abendlichen Fernsehnachrichten zu erscheinen, damit die amerikanische Öffentlichkeit des Krieges müde wird." Die Demonstranten dachten, sie würden Leben retten. Viele GIs dachten, dass die Demonstranten den Feind unterstützten und GIs töteten.

Folglich waren sich die Soldaten meiner Einheit dieser Proteste bewusst, die sie störten. Sie fragten mich ständig: „Warum sind wir hier?"

Normalerweise antwortete ich: „Lass uns unsere Arbeit machen und nach Hause gehen."

Innerlich hatte ich das Gefühl: „Das ist eine lausige Art, einen Krieg zu führen." Wer möchte für einen Krieg verletzt, verstümmelt oder getötet werden, den das Land, die politische und religiöse Führung und die Öffentlichkeit nicht wollen? Warum reden der Präsident und die Kongressführer nicht mit uns Soldaten?"

Rassenunruhen und Märsche

Dieser Abschnitt war für mich der schwierigste Teil des ganzen Buches. Zum Teil, weil ich damit sehr unbekannt war. Zum Teil auch, weil ohne Als ich das erkannte, hatte ich vor meiner Erfahrung in Vietnam von 1970 bis 1971 sehr viel wenig Kontakt zu Rassenthemen. Auch als weißer Kompaniechef in Als ich eine Einheit anführte, die mehrheitlich aus weißen Soldaten bestand, stellte ich fest, dass die Afroamerikanische Soldaten und ich hielten Abstand voneinander. Ob Das lag an meiner Unwissenheit oder meiner eingebauten Voreingenommenheit, ich weiß es nicht.

Jetzt, 53 Jahre später, denke ich endlich über eines der Hauptfächer nach Probleme in der Abteilung Rassenbeziehungen, einige der tatsächlichen Ereignisse I später in diesem Buch beschreiben. In diesem Abschnitt versuche ich, das zu verstehen historischen Kontext der Rassenbeziehungen in den USA, der sich dann auf die Einheit auswirkte.

Mehrere Leute sagten mir gegenüber, dass ich die Rassenunruhen nicht mit einbeziehen sollte und Martin Luther Kings Kommentare zum Vietnamkrieg, weil ich es getan habe Ich weiß nicht, ob dies die afroamerikanischen Soldaten in meiner Einheit beeinflusst hat. Manche Die Leute erwähnten nachdrücklich: „Sie wissen nicht, ob es eines dieser Ereignisse gab beeinflusste sie in Vietnam. Es ist eine schlechte Wissenschaft, dieses Material einzubeziehen, wenn Sie wissen nicht, dass es sie beeinflusst hat oder ob es für sie von Bedeutung war." Das ist technisch gesehen eine faire Aussage, da ich diese Themen mit niemandem besprochen habe davon weder während noch nach dem Krieg. Dennoch kann ich nicht anders, als das Gefühl zu haben, dass das Die Haltung der afroamerikanischen Soldaten wurde durch ihre Behandlung beeinflusst von der weißen Mehrheit sowohl vor als auch während des Krieges. Ich selbst war es Ich bin mir der Rassenunruhen, des Rassismus, der Sklaverei und der Geschichte der Minderheiten vage bewusst in den Vereinigten Staaten. Allerdings hatte ich vorher nicht viel davon wahrgenommen bis zum Krieg, als ich gezwungen war, mich direkt damit auseinanderzusetzen.

Auch wenn meine wunderbare Achtklässlerin Ida Powell im Jahr 1960 erwähnte die Ideale der USA. Erklärung: **„Wir halten diese Wahrheiten für wahr Selbstverständlichkeit, dass alle Menschen gleich geschaffen sind, dass sie begabt sind ihrem Schöpfer mit bestimmten unveräußerlichen Rechten, die dazu gehören Leben, Freiheit und das Streben nach Glück. – Um diese Rechte zu sichern, Regierungen werden unter Menschen eingesetzt. ...“** Anschließend leitete sie gekonnt Diskussionen darüber, was das in den USA bedeutete. Sie erwähnte auch, dass dies der Fall ist unsere nationalen Ideale und dass wir ihnen leider nicht gerecht werden und auch nicht gerecht werden Land. Wir können jedoch beschließen, Änderungen vorzunehmen, um diesen Idealen gerecht zu werden.

Anschließend erwähnte sie die Unruhen in Tulsa, Wilmington und die Bedingungen der Sklaverei, die von wohlwollend bis bösartig reicht. Darüber hinaus ist sie zart beschrieb den Lynchmord an Afroamerikanern dadurch, dass mehr als mehrere Menschen einen Afroamerikaner packten und ihn in einem abgelegenen Wald aufhängten. In In einigen Fällen war es eine Form der Unterhaltung und manchmal war es brutal. Obwohl sie nicht näher darauf eingegangen ist.

Als vierzehnjährige Achtklässlerin war ich ungläubig. Würden die Leute wirklich andere so behandeln? Das ist unmöglich.

Das nächste Mal, dass ich persönlich einem Rassenproblem am nächsten gekommen bin, ereignete sich gegen zwei Jahre später, während einer Sommerpause von der Highschool, als ich zu Gast war mit Freunden der Familie in Virginia für mehrere Wochen. Der Ehemann arbeitete bei einer Bank. Also nahmen er und seine Frau mich mit zum Bankparty auf einem Boot. Es war eine herrlich lustige Zeit. Das Boot Setzen Sie die Segel einen Fluss hinunter. Die Witze, das Lachen und die frei fließenden Gespräche waren eine wahre Freude.

Dann schrie einer der Männer in der Dunkelheit: „Hier kommt die afrikanische Königin!" Plötzlich, als würden sie an einem Synchronschwimmwettbewerb teilnehmen, alle Die Männer drängten sich an die Seite des Schiffes. Sie begannen zu schreien und zu schreien in die tiefe samtene Schwärze. Aber ich konnte nichts sehen. Was war Sie schreien an? Vage konnte ich ein großes mehrstöckiges Schiff erkennen fing an, an dem Partyboot mit einem Deck vorbeizukommen. Undeutlich nahm ich wahr, dass das Das Schiff hatte vier Decks, auf denen afroamerikanische Menschen auf Bänken saßen draußen die Sehenswürdigkeiten genießen.

Die Männer auf dem Boot, auf dem ich war, schnappten sich leere Bier- und Weinflaschen und warf sie schreiend und mit rot geröteten Gesichtern auf das Schiff. Während Das Partyboot war in der Dunkelheit gut beleuchtet, das andere Schiff musste nur laufen Lichter vorne, oben und hinten am Schiff. Diese Leute fast verschwand in der Dunkelheit.

Ich hatte Angst, dass all diese Hunderte von Menschen bald werfen würden Flaschen zurück zu uns. Ich suchte nach einem Ort, an dem ich mich verstecken konnte. Die Frauen sagten: „Oh Komm schon Leute. Wir wollen Spaß haben. Sie wollen Spaß haben. Gehen Sie einfach weg sie allein."

Als das Schiff vorbeifuhr, durchdrang die starke Stimme einer Frau vom Schiff aus das Schiff Dunkelheit und Lärm mit: „Wir werden überwinden." Dann begannen noch ein paar weitere zu singen: „Wir werden siegen." Dann mehr. Dann begann das ganze Schiff singen: „Wir werden überwinden. Eines Tages werden wir es überwinden. Tief in meinem Herzen, Ich bin davon überzeugt, dass wir es eines Tages schaffen werden." Immer wieder sangen sie als Männer auf dem Partyboot schreien und schreien weiter.

Das Schiff fuhr kraftvoll und stetig weiter, vorbei am verblassenden Partyboot in die Dunkelheit. Die starken Stimmen sangen unisono weiter. Ihre kräftige Stimmen wurden schwächer und drangen doch tief in meine Seele ein. Wie konnten sie angesichts solchen Hasses so ruhig und so stark sein?

Ich wusste noch nicht, dass ich Jahre später im Vietnamkrieg dabei sein würde Mitte der gleichen Art von Szene. Der Unterschied bestand darin, dass ich unwissentlich in Gefahr war, ernsthaft verletzt oder sogar getötet zu werden. Diese Geschichte kommt später.

*****

Von 1910 bis 1970 flohen Afroamerikaner aus dem Süden, um dem Terror zu entkommen Lynchmorde, ein historisches Ereignis, das als „Große Völkerwanderung" bekannt ist.[66] Menschen begannen damit Sie lehnen Lynchmorde auf verschiedene Weise ab. Sie führten Basisaktivismus durch, wie zum Beispiel den Boykott weißer Unternehmen. Anti-Lynch-Kreuzfahrer wie Ida B. Wells verfasste Zeitungskolumnen, in denen er die Gräueltaten des Lynchmordes kritisierte.

Und mehrere wichtige Bürgerrechtsorganisationen – darunter NAACP – entstanden in dieser Zeit zur Bekämpfung rassistischer

Gewalt. Die NAACP führte einen mutigen Schritt Kampf gegen Lynchjustiz. Im Ausgabe von The Crisis vom Juli 1916, Herausgeber W.E.B. Du Bois veröffentlicht ein Fotoessay mit dem Titel „The Waco Horror", der brutal war Bilder vom Lynchmord an Jesse Washington. Washington war ein 17-jähriger Teenager in Waco, Texas, gelyncht ein weißer

Abbildung 18 Ein 17-jähriger Jesse Washington gelyncht. Beachten Sie die Menge lächelnder Zuschauer posiert für die Kamera. Juli 1916.

Mob, der ihn beschuldigte Lucy Fryer, eine Weiße, getötet zu haben Frau.[67] Du Bois konnte sich wenden Postkarten von Washingtons Mord gegen ihre Schöpfer, um Energie zu tanken die Anti-Lynch-Bewegung. Die Auflage der Krise wuchs 50.000 in den nächsten zwei

---

[66] https://www.archives.gov/research/african-americans/migrations/great-migration

[67]https://naacp.org/sites/default/files/styles/embed_image_c/public/images/lync hingofjessewashington.webp?itok=V9vZKfBb

Jahren, und wir haben 20.000 US-Dollar für eine gesammelt Anti-Lynch-Kampagne.[68]

Im Jahr 1919 veröffentlichte die NAACP Thirty Jahrelange Lynchmorde in den Vereinigten Staaten Staaten, 1889-1919, zu fördern Bewusstsein für das Ausmaß des Lynchmordes. Die Daten dieser Studie bieten Grausames Fakten nach Nummer, Jahr, Bundesland, Hautfarbe, Geschlecht und mutmaßlicher Straftat.

Männer und Jungen posieren kurz unter dem Körper eines Afroamerikaners nachdem er am 3. August 1920 in Center, Texas, gelyncht wurde.[69]

Abbildung 19 Menschenmenge formiert sich stolz für ein Foto des Lynchmordes. Beachten Sie die Beine über der Menge. 3. August 1920.

Es gab jedoch tägliche Erinnerungen wie diese müssen sich in ihren eigenen Bereichen aufhalten und dürfen auch nicht davor sitzen Busse, und geben ihre Sitzplätze auf, wenn eine weiße Person kam mit dem Bus.[70]

Es gab Restaurants, Geschäfte, Trinkbrunnen, Toiletten, Lebensmittelgeschäfte usw., die Schilder angebracht haben, „Nur Weiße." Beim Reisen wird die schwarze Person genutzt was man das Grüne Buch nannte. Das waren Hotels und Motels, die Schwarze akzeptierten, damit sie konnten ihre Übernachtungsstopps planen. Sonst würden sie die Nacht drinnen verbringen ihre Autos. Für die Polizei war es eine alltägliche Erfahrung, schwarze Menschen anzuhalten beim Autofahren oder Gehen, nur um sie zu belästigen und sie niemals eines zu beschuldigen Verbrechen. In manchen Fällen würde eine weiße Frau oder ein weißer Mann einen schwarzen Mann

Abbildung 20 Schild am Busbahnhof

---

[68] https://naacp.org/find-resources/history-explained/history-lynching-america
[69] https://lynchinginamerica.eji.org/report/
[70] http://loc.gov/pictures/resource/cph.3b22541/ No known restrictions

beschuldigen „Eine weiße Frau lüstern anschauen." Das würde als Verbrechen angesehen werden.

Es gab jedoch Einzelpersonen und Gemeinschaften, die blühten und wurden wirtschaftlich erfolgreich und hatten ihre eigenen Politiker. Doch in unterschiedlicher Weise Auf die eine oder andere Weise hat der Hass einige dieser Gemeinschaften auseinandergerissen. Zum Beispiel Weiße zerstörte die schwarzen Gemeinden von Wilmington, North Carolina und a Abschnitt von Tulsa, Oklahoma. Darüber hinaus gibt es in anderen Gemeinden wie z In Asheville, North Carolina, wurde eine Autobahn quer durch die Gemeinde gebaut. Leider hat die erzwungene Integration von Schwarzen und Weißen Weiß geschaffen Flucht und zerstörte einige sehr erfolgreiche schwarze Schulen. Mit Integration Schwarze Studenten wurden mit weißen Studenten gemischt. Als sich die Schulen zusammenschlossen, wurden die männlichen und weiblichen schwarzen Lehrer, die für sie Vorbilder waren, im mer beliebter Studierende wurden häufig nicht eingestellt. Die weißen Lehrer entweder gezielt oder versehentlich auf die schwarzen Studenten herabgeschaut hat.[71]

Zwar gut gemeint, aber staatliche Programme, die dazu gedacht waren, dem zu helfen Schwarze Gemeinschaften wie Sozialhilfegesetze förderten die Auflösung der schwarze Familie. Dennoch gab es viele erfolgreiche Vorbilder wie z als Oprah Winfrey. Persönlich waren mir solche alltäglichen Vorkommnisse jedoch kaum bewusst. Eins Als ich vierzehn Jahre alt war, besuchten meine Mutter und ich ein Gut Freundin von ihr in Virginia. Wir gingen für ein schönes Abendessen aus. Niemand kam zu sich Fragen Sie uns nach Getränken oder geben Sie uns eine Speisekarte. Meine Mutter winkte einer Kellnerin zu kam vorbei und sagte schnell zu mir: „Sag nichts!"

Dann kam eine Kellnerin und sagte: „Diese Person bedienen wir hier nicht." Sie muss gehen."

Meine Mutter sagte zu ihr: „Sie kommt aus Costa Rica."

Die Kellnerin sagte: „Oh, das ist okay. Wir wollen nur sicherstellen, dass diese Die Leute kommen nicht auf Ideen und kommen hierher."

---

[71] https://www.exploreasheville.com/listings/hood-huggers-international-tours/8132/

Wir wurden bedient.

Abbildung 21 Buchcover „Manchild in the Promised Land"

Im selben Jahr in meinem Englischkurs an der High School, dem Der Lehrer forderte uns auf, „Manchild in the Promised Land" von Claude Brown zu lesen.[72] Veröffentlicht 1965 Während der Bürgerrechtsbewegung beschrieb es a Kind in Harlem, das darum kämpft, Gewalt zu überleben und Armut in Harlem, New York City. Und doch war ich es konzentrierte sich darauf, die Technik und Mathematik zu überleben Im Unterricht fühlte sich diese Geschichte wie Science-Fiction an. Dennoch hinterließ es einen lebenslangen Eindruck bei mir.

So war mein Verständnis der Situation der Schwarzen als ich später der Kommandant über die Kompanie übernahm und Seien Sie ständig verwirrt über die niedrige Füllstandskonstante Rassenkonflikte, die später zu einem Beinahe-Ausbruch führen würden Rassenunruhen und ein weiterer Vorfall, der zu einem Angriff auf einen meiner Kollegen führte Leutnants. Auch heute noch bin ich mir der Rassenproblematik viel bewusster, das Problem beschäftigt mich immer noch. Warum hassen sich Menschen?

Abbildung 22 Mitglieder der 2. Inf. Abt. nördlich des Chongchon-Flusses. Sfc. Major Cleveland, Anführer des Waffenkommandos, weist seine Maschinengewehrmannschaft im Jahr 1950 auf eine nordkoreanische Position hin.

Am 26. Juli 1948 unterzeichnete Präsident Harry Truman die Executive Order 9981. Einrichtung des Präsidialausschusses für Gleichbehandlung und Chancengleichheit in den Streitkräften. Die Anordnung ordnete die Aufhebung der Rassentrennung an des US-Militärs. Der erste Punkt in In der Durchführungsverordnung heißt es: „Dies geschieht hiermit zur Politik des Präsidenten erklärt dass es eine

---

[72] https://en.wikipedia.org/wiki/Manchild_in_the_Promised_Land#/media/ File:ManchildInThePromisedLand.jpg "qualifies as fair use under the copyright law of the United States."

Gleichbehandlung geben soll und Gelegenheit für alle Menschen in die Streitkräfte ohne Rücksicht darauf Rasse, Hautfarbe, Religion oder nationale Herkunft. Diese Richtlinie wird in Kraft gesetzt als schnellstmöglich und mit gebührender Rücksichtnahme auf die Zeit, die für die Durchführung erforderlich ist notwendige Änderungen ohne Beeinträchtigung Effizienz oder Moral."[73]

Trumans Befehl wurde von Politikern, Generälen und Freunden abgelehnt. der sich gegen ein integriertes Militär aussprach. Truman schrieb als Antwort auf seine Kritiker: „Ich fordere Chancengleichheit für alle Menschen, und solange ich hier bleibe, werde ich diesen Kampf fortsetzen."

Die afroamerikanischen Soldaten meiner Einheit wurden während der Märsche erwachsen, Unruhen und Prügel in den 1960er und frühen 1970er Jahren. Sie wahrscheinlich auch hörte Geschichten über die Unruhen in Tulsa, Oklahoma und Wilmington in den 1920er Jahren und 1930er Jahre sowie an vielen anderen Orten, an denen afroamerikanische Unternehmen, Häuser und Gemeinden wurden sowohl von Weißen als auch von Truman zerstört Aufhebung der Rassentrennung des US-Militärs.

Daher vermute ich, dass afroamerikanische Soldaten sich dessen sehr bewusst waren Zwischen 1964 und 1971 kam es zu bis zu 700 zivilen Unruhen, die große Ausmaße annahmen Anzahl der Verletzungen, Todesfälle und Festnahmen sowie des bedeutenden Eigentums Schäden, die sich auf überwiegend afroamerikanische Gebiete konzentrierten.

Abbildung 23 März 1963 in Washington, wo die Rede „Ich habe einen Traum" gehalten wurde.

Afroamerikanische Gemeinschaften kämpften darum, die normale politische, soziale, bildungsbezogene und finanzielle Rechte, die viele weiße Amerikaner genießen. Aufmärsche und Unruhen waren Versuche, die Grundstruktur des Landes zu verändern Amerikanische Gesellschaft für die Gleichstellung von Afroamerikanern und allen Rassen. Als die Reverend

---

[73] https://www.nps.gov/articles/000/executive-order-9981.htm

Martin Luther King erklärte: im August 1963 Marsch in Washington, D.C. „Ich habe einen Traum, dass meine vier Kinder werden eines Tages in einer Nation leben wo sie nicht beurteilt werden die Farbe ihrer Haut, sondern durch die Inhalt ihres Charakters."[74] Im Jahr 1965 Er sagte: „Wie lange wird das dauern? Wie lange?"[75]

In der Zwischenzeit der Reverend Martin Luther King plädierte für Gewaltlosigkeit durch friedliche Märsche und politische Aktionen.[76]

Schließlich unterzeichnete Präsident Johnson die Bürgerrechte Gesetz von 1964.[77] Martin Luther King steht hinter Präsident Johnson. Johnson erklärte später die Demokraten würde den Süden verlieren.

Abbildung 24 Präsident Lyndon B. Johnson unterzeichnet das Bürgerrechtsgesetz von 1964 vor den Augen von Martin Luther King Jr. und anderen. 2. Juli 1964.

Ein weiteres Beispiel mit Hauptfach Einfluss auf die Soldaten war die Detroit Riot von 1967. Es war einer davon die größte begann am 23. Juli 1967 und dauerte fünf Tage. 43 Personen starben, darunter 33 Afroamerikaner und 10 Weiße. Viele andere Leute wurden verletzt, mehr als 7.000 Menschen wurden verhaftet und mehr als 1.000 Bei dem Aufstand wurden Gebäude niedergebrannt.

Der Aufstand gilt als einer der Katalysatoren der Black-Power-Bewegung.[78]

---

[74] https://www.npr.org/2010/01/18/122701268/i-have-a-dream-speech-in-its-entirety

[75] https://voicesofdemocracy.umd.edu/dr-martin-luther-king-jr-long-not-long-speech-text/ https://news.harvard.edu/gazette/story/2013/08/the-dream-50-years-later/

[76] https://upload.wikimedia.org/wikipedia/commons/7/7f/March_on_washington_Aug_28_1963.jpg

[77] LBJ-signs-Civil-Rights-Bill-MLK-and-others-stand-behind-him.png nps.gov

[78] Emeka, Traqina Quarks. "Detroit Riot of 1967". Encyclopedia Britannica, Invalid Date, https://www.britannica.com/event/Detroit-Riot-of-1967. Accessed 3 May 2021.

Hoffentlich dieser kurze Abschnitt vermittelt ein Gefühl für die Emotionen dass Afroamerikaner und Einige Weiße hätten es erlebt

und/oder erlebt erzählt von ihren Eltern, Verwandten, Freunde und andere mit der Zeit sie erschienen in meiner Kompanie.

Allerdings war mir davon kaum etwas bewusst. Bilder wie diese und viele Weitere erschienen in der gedruckten Presse und im nationalen Fernsehen. Infolgedessen veränderten sich die amerikanische Meinung und

Abbildung 25 Detroit Riot 1967 und 7.000 Festnahmen

Gefühle zum Thema Rasse schleichend Gletscher. Dennoch wurden zwar Verbesserungen vorgenommen, die zugrunde liegende Vorurteile blieben auf subtilere Weise bestehen und bestehen bis heute fort.

Ich denke, was ich gerade beschrieben habe, war tief im Blut verankert und Knochen der afroamerikanischen und weißen Soldaten meiner Einheit. Und es gab sie wahrscheinlich viele, die in diesen Fragen genauso unwissend und naiv waren wie ich.

Allerdings habe ich in ihrem Kampf für Bürgerrechte keine Partei ergriffen; Stattdessen konzentrierte ich mich darauf, die Mission zu erfüllen und alle unversehrt nach Hause zu bringen. Vielleicht hätte ich versuchen sollen, alle über Rassengleichheit aufzuklären mit so viel Mühe wie ich, was Safer Sex, die Vermeidung von Drogen und die Einnahme von Drogen angeht die Arbeit erledigt. Aber ich hatte instinktiv Angst, Probleme mit der Rasse zu verursachen Beziehungen, die sich negativ auf die Erledigung der Arbeit auswirken würden. Umgekehrt Es ging darum, alle am Laufen zu halten, damit sie sich nur um den Schlaf kümmerten. Essen, Sex haben und nach Hause gehen. Auf diese Weise würden die Rassenprobleme entstehen minimiert. Es gefiel mir nicht, den Rassenproblemen aus dem Weg zu gehen. Ich musste es einfach herausfinden Finden Sie heraus, wie Sie mit dem schwelenden Konflikt umgehen und die Mission erfüllen können.

Dennoch habe ich beim Schreiben dieses Abschnitts einiges berücksichtigt Die Leute haben mir dringend empfohlen, die grafischen Details nicht einzubeziehen. Jedoch, Ich habe das Gefühl, dass der Hintergrund des Afrikaners verdeckt würde, wenn man es weggelassen hätte Amerikanische Erfahrung, die den Soldaten meiner Einheit wahrscheinlich bekannt war. Das Die Rassenfrage auch nur flüchtig anzusprechen, würde bedeuten, ein großes Problem zu begraben, das es gab Es kam in mehreren Einheiten der US-Armee vor, auch in denen, denen ich gegenüberstand und ereignete sich in den USA während des Vietnamkrieges. Also habe ich mich dafür entschieden Fügen Sie Ausschnitte aus einer langen und unruhigen Geschichte hinzu, damit der Leser sie verstehen kann ein Gespür für den Kontext. Grundlegender für den Leser verständlich ein weiteres Thema, mit dem ich bedauerlicherweise wenig Wissen oder Vertrautheit hatte. Noch, wie ich später erfahren werde, musste ich mich mehrmals und in einem Fall damit auseinandersetzen hätte verletzt oder getötet werden können. Leider liegen diesen subtilen Vorurteilen zugrunde noch weitere fünfzig Jahre andauern.[79]

Also sagte ich immer wieder leise: „Lass uns einfach unsere Arbeit machen und nach Hause gehen.“

Drogenkonsum

„Das Bild des drogenabhängigen amerikanischen Soldaten – zerzaust, mit glasigen Augen, Seine mit Parolen des Antikriegs-Dissidenten

Abbildung 26 „The Myth of the Addicted Army" argumentierte, dass Drogenabhängigkeit in der US-Armee nicht weit verbreitet sei

geschmückte Uniform wird seit langem mit dem Vietnamkrieg in Verbindung gebracht und als bezeichnet ein Grund für die US-Niederlage. Es wurde zum Symbol einer demoralisierten, kampfunfähigen Armee seine militärische Mission. Allerdings Jeremy Kuzmarov in seinem Buch „The Myth of the Addicted Army" baut den Fall auf, dass der Drogenkonsum in Vietnam begründet ist mehr auf Mythen als auf Fakten. Nicht nur Alkohol das Rauschmittel der Wahl für die meisten GIs, aber das Die Prävalenz anderer Drogen variierte enorm. Der Marihuanakonsum unter den

---

[79] https://www.nps.gov/gwmp/learn/historyculture/lbjandmlk.htm

Truppen nahm im Laufe der Zeit zu Verlauf des Krieges war auf rückwärtige Gebiete beschränkt und der Konsum stark abhängig machender Drogen wie Heroin nie so weit verbreitet, wie viele dachten."[80]

Das Konzept einer süchtigen Armee war das erste von Kriegsfalken vorangetrieben, die einen Sündenbock dafür suchen das Scheitern der US-Politik in Vietnam. Einige gaben der liberalen Sozialpolitik die Schuld und die Auswüchse der Gegenkultur. Auch, so Kuzmarov, Elemente Vertreter der Antikriegsbewegung förderten den Mythos. Sie gingen von einem Bündnis aus zwischen asiatischen Drogenhändlern und der Central Intelligence Agency. Während Diese Behauptung war nicht unbegründet, die Linke übertrieb die Tragweite Sucht für ihre eigenen politischen Zwecke, was zeigt, dass die US-Armee war unfähig, einen Krieg zu führen. Ein weiterer Grund also, nach Hause zu gehen.

Nixon nutzte die parteiübergreifende Besorgnis über die wahrgenommene „Drogenkrise" aus Die Regierung startete Anfang der 1970er Jahre den „Krieg gegen Drogen". genoss eine breite überparteiliche Anziehungskraft. Beamte sowohl von links als auch von links Die Rechten waren schnell dabei, Marihuana und Heroin für das amerikanische Versagen verantwortlich zu machen im Ausland. Der demokratische Senator Thomas J. Dodd behauptete illegalen Drogenkonsum trug direkt zum Massaker von Mai Lai und anderen amerikanischen Gräueltaten bei über den Krieg und erklärte: „Zehntausende Soldaten sind in die Schlacht gezogen high von Marihuana, Opium oder anderen Drogen, mit schrecklichen Folgen."[81] So ist es trug dazu bei, die Aufmerksamkeit von der gescheiterten Suche nach „Frieden in Ehre" abzulenken Südostasien. Aber sobald es institutionalisiert war, beeinflusste es weiterhin die Politik Diskurs sowie die US-amerikanische Drogenpolitik in den folgenden Jahrzehnten."[82]

---

[80] https://www.amazon.com/Myth-Addicted-Army-Vietnam-Politics/dp/1558497056

[81] https://www.history.com/news/drug-use-in-vietnam

[82] https://www.amazon.com/Myth-Addicted-Army-Vietnam-Politics/dp/1558497056

Es gab in der Öffentlichkeit Bedenken, dass drogenabhängige Soldaten zurückkehren würden aus Vietnam und missbrauchen zu Hause Drogen. Als Reaktion auf diese Angst hat die Das Weiße Haus führte 1971 die „Operation Golden Flow" durch Es wurde vorgeschrieben, dass sich alle Militärangehörigen zuvor einer Urinanalyse unterziehen müssen Einsteigen in Flugzeuge zurück in die Vereinigten Staaten. Sollte ein Soldat nicht bestehen Nach seinem Drogentest musste er lediglich zur Entgiftung im Land bleiben nach erfolgreicher Sauberkeitsprüfung in die Vereinigten Staaten zurückgeschickt werden.

Die Angst vor einer Rückkehr der Massensucht an die Küsten Amerikas hat sich bewährt verlegt. Ob ein Ergebnis der Operation Golden Flow oder ein Zeichen des Mehr gelegentliche Nutzung als ursprünglich berichtet, eine Interviewumfrage im Auftrag von Das stellte das Special Action Office for Drug Abuse Prevention des Weißen Hauses fest dass die Konsum- und Suchtraten „im Wesentlichen auf das Vorkriegsniveau gesunken sind" nach der Rückkehr der Soldaten.[83]

Dennoch gaben 48 % der Amerikaner in einer Gallup-Umfrage im Jahr 1969 an, dass es sich um eine Droge handelt Der Konsum stellte in ihrer Gemeinde ein ernstes Problem dar.[84] Es handelte sich um ein erhebliches Problem mit Soldaten in meiner Einheit. Leider konnte ich das Problem nicht lösen, Hilfe sie, und trotzdem wird die Mission erfüllt.

Auch heute noch stellt die Drogenabhängigkeit ein ernstes Problem dar. Die US-Regierung, Politiker, die medizinische Gemeinschaft, Unternehmen, Bildung und Religiöse Organisationen haben es nicht geschafft, das Problem zu minimieren.

Ohne Vision gehen die Menschen zugrunde

Wenn sich ein Krieg über mehrere Präsidialverwaltungen erstreckt, liegt ein ernstes Problem vor Es besteht die Gefahr, dass die Vision und der Wille des amerikanischen Volkes verloren gehen. Das ist ein grundlegende Schwäche des amerikanischen politischen Systems.

---

[83] https://www.history.com/news/drug-use-in-vietnam
[84] https://news.gallup.com/poll/6331/decades-drug-use-data-from-60s-70s.aspx

Besonders wenn Der Feind ist eine engagierte, fest verwurzelte politische Kraft, angeführt von einem Diktator Wer weiß genug, um den amerikanischen Geist nicht zu wecken. Eher der Diktator wird knabbern, knabbern und knabbern, während die amerikanischen Präsidenten und die Führung Träumen Sie davon, im Amt zu bleiben und die amerikanische Öffentlichkeit nicht zu verärgern.

Die verschiedenen Diktatoren auf der Welt betrachten ihre Länder als stark und geeint; während sie glauben, dass Demokratien aus korruptem Kapitalismus und Mangel bestehen traditionelle Moralvorstellungen, die beide den Westen schwächen. Das ist schließlich ihr Das starke System wird siegen und das inkohärente System des Westens wird zusammenbrechen. Ihre Sichtweise ermutigt sie, aggressive Maßnahmen gegen eine Frau zu ergreifen und dekadenten Westen. Aktionen wie die des russischen Präsidenten Wladimir Putin Die Invasion der Ukraine und der chinesische Präsident Xi Jinping planen eine Invasion Taiwan. Und so viele andere Autokraten auf der Welt.

Dies ist das Problem, mit dem die USA und Westeuropa im Zusammenhang mit Russland und China konfrontiert sind. Sowohl Russland als auch China haben große Visionen von großen Imperien und Missionen dafür die Welt, während den USA und Europa als Gesellschaften eine wirksame Vision dafür fehlt die Welt. Ich bin zuversichtlich, dass verschiedene politische Führer ihre Visionen haben, Aber den USA und Europa fehlt im Vergleich zu Russland eine kohärente Sichtweise und China. In Sprüche 29, Vers 18 steht, was ich gerade beschrieben habe. „Wo da Wenn es keine Vision gibt, geht das Volk zugrunde."[85]

Der Mangel an Führung durch die Präsidenten Kennedy, Johnson, Nixon und Ford, sowie ihre Regierungen, um den Vietnamkrieg den Amerikanern zu verkaufen Öffentlichkeit und Welt führten zu Antikriegsprotesten, Rassenunruhen und Märschen. Das liegt an den verschiedenen Behörden sowie am zunehmenden Drogenkonsum

---

[85] Obwohl ich den letzten Teil von Vers 18 absichtlich weggelassen habe, „wer aber das Gesetz hält, glücklich ist er." Das Hinzufügen des Satzes würde die Art der Diskussion ändern, die ich würde gerne einsteigen. Dennoch denke ich, dass der erste Teil des Verses hier seinen angemessenen Platz hat

Zuhause und in Vietnam. All dies ermutigte den Vietcong und die Nordvietnamesen.

Deshalb sagte ich immer wieder leise zu den Soldaten, "Lasst uns unsere Arbeit erledigen und nach Hause gehen."

Das Ergebnis

Das Ergebnis war, dass sich die Soldaten für die Dauer nicht in Vietnam aufhielten der Krieg. Anders als im Zweiten Weltkrieg gab es buchstäblich keine wirksame Moral oder Emotionalität Unterstützung für sie. Allerdings leistete die Armee hervorragende Arbeit bei der Bereitstellung körperlicher Hilfe Komfort für die meisten Soldaten. Obwohl ich sicher bin, dass es viele davon gab sogenannte Frontlinien, die durch den Dschungel ziehen und nicht zustimmen wollen. Dort waren große Installationen in Saigon (nach dem in Ho-Chi-Minh-Stadt umbenannt). Die USA zogen sich zurück), Da Nang und andere Orte, die das Gefühl vermittelten, dort zu sein in den USA auf dem Militärstützpunkt. Obwohl es das Gefühl gab, dass ein Angriff möglich wäre jederzeit passieren. Es handelte sich jedoch um kleine Unternehmensgrößenverbindungen angegriffen oder einfach nur belästigt werden.

Aufgrund des Mangels an emotionalen, politischen, religiösen und Aufgrund der Unterstützung der Familie erstellten viele Soldaten bis

dahin ihre eigenen Countdown-Kalender sie würden nach Hause gehen. Sie hatten Ausdrücke wie „205 Tage und ein Aufwachen". Das bedeutet, dass ihnen noch 205 Tage blieben Sie würden in dem Flugzeug sein, das sie benannt haben „Freiheitsvogel."

Abbildung 27 Viele Soldaten trugen Snoopy mit ihren Countdown-Kalendern. Es zeigte ihre größte Hoffnung: nach Hause gehen. Aus Urheberrechtsgründen ist Snoopy unscharf dargestellt.

Das war eine miese Art, einen Krieg zu führen. Auf der Einerseits war das Militär sehr besorgt darum, die Gedanken und Herzen der Vietnamesen zu gewinnen; doch auf der anderen Seite erschien es sich wenig darum zu kümmern, die Köpfe zu gewinnen und Herzen des

Zwanzig Jahre nach meiner Teilnahme am Krieg nahm ich an einer Spendenaktion für Präsident George H.W. teil. Busch. Nach dem Abendessen mischte er sich unter die Menge. Als er an mir vorbeikam, rief ich: „Mr. Präsident!"

Er drehte sich zu mir um.

Plötzlich spürte ich links hinter mir einen großen Idioten und rechts einen weiteren hinter mir. Dann stand der Präsident etwa zwei Meter vor mir. Es waren zwei große Kerle zu seiner Linken und zwei zu seiner Rechten.

Als ich mich mehrmals zu den Großen umsah, platzte es aus mir heraus: „Ich habe vergessen, was ich sagen wollte."

Die Geheimdienstleute und Bush lachten. Als sie sich umdrehten, um weiterzugehen, sagte ich: „Ich weiß noch, was ich sagen wollte." Sie blieben stehen und formierten sich wieder automatisch um mich herum.

Ich sagte zu ihm: „Wenn Sie das nächste Mal einen Krieg haben, holen Sie sich die Unterstützung des amerikanischen Volkes und der Welt." Lassen Sie die Generäle und Admirale den Krieg führen."

Er machte eine nachdenkliche Geste mit der linken Hand an sein Kinn und nickte und sagte: „Gute Idee, mein Sohn!" Drehte sich um und ging weiter durch die Menge. Da wusste ich, dass er bereits wusste, was ich gerade gesagt hatte. Er war nur höflich.
Seitdem habe ich scherzhaft gesagt, dass es meine Idee war, dass er die US-Kongressabgeordneten und Senatoren dazu aufforderte, öffentlich ein Dokument zu unterzeichnen, das den sogenannten Ersten Golfkrieg unterstützte. Auf diese Weise sammelte er konsequent die Unterstützung der US-Bevölkerung und vieler Menschen auf der Welt, um die Kriegsanstrengungen zu unterstützen. Bedauerlicherweise erhielt kein Präsident diese Art von Unterstützung für den Vietnamkrieg, der ein grundlegendes, grobes politisches Scheitern darstellte.

Man könnte streiten, dass Präsident Kennedy tatsächlich versucht hat, öffentliche Unterstützung zu gewinnen; Er wurde jedoch ermordet, sodass diese anfänglichen Bemühungen durch den Lauf der Waffe zunichte gemacht wurden. Vielleicht hätten sich die gesamten Kriegsanstrengungen verändert, wenn er nicht ermordet worden wäre. Es könnte aber auch aus anderen, weiter oben in diesem Kapitel erläuterten Gründen fehlgeschlagen sein. Oder, höchstwahrscheinlich, weil ihm klar wurde, dass es sinnlos war, einen solchen Krieg zu führen, hätte er sich vielleicht zurückgezogen, bevor er die USA dazu verpflichtet hätte.

Der Punkt ist, dass es für jedes Land und seine Verbündeten von entscheidender Bedeutung ist, das Vertrauen und die Unterstützung der Bevölkerung zu gewinnen, bevor sie sie in den Krieg verwickeln. Als ich von 2005 bis 2008 immer wieder in China arbeitete, war es offensichtlich, dass die chinesische Führung sich dafür einsetzte, die Herzen und Köpfe des chinesischen Volkes für die Übernahme Taiwans zu gewinnen. Sie bewarben eine wachsende Marine mit einem Flugzeugträger usw. Die US-Führung ist eine verschwommene Mischung aus Links und Rechts. Das Ergebnis ist ein Mangel an einer einheitlichen Vision in den USA.

Zusammenfassung

Dies war der Kontext des Vietnamkrieges, als ich das Kommando über die Kompanie übernahm. Die Ereignisse in den USA und auf der ganzen Welt wirkten sich auf viele Soldaten der Einheit aus, und ich bin sicher, dass auch viele Soldaten in Vietnam betroffen waren. Wir waren nur durchschnittliche Menschen, die in einen Krieg verwickelt waren, der von den höchsten Ebenen der US-Regierung und der südvietnamesischen Regierung ineffektiv geführt wurde.

Die politischen Führer der USA und Vietnams haben den Vietnamesen und Amerikanern, die dort starben oder verstümmelt wurden, das Leben gestohlen, den Verwandten, die still in Dörfern und Häusern in den USA und Vietnam trauerten, und jedem Amerikaner, Südvietnamesen und Norden ein Lebensjahr gestohlen Vietnamesischer Soldat, der dort diente.

Ohne mir also völlig bewusst zu sein, welche Probleme und Sachverhalte in diesem Kapitel beschrieben werden, sei es zu Recht oder zu Unrecht, sagte ich zu meinen Soldaten: „Lasst uns unsere Arbeit erledigen und nach Hause gehen."

Also erledigten wir unsere Arbeit,

gingen nach Hause,

und niemand kümmerte sich darum

Aber

Einige von uns kamen nie wirklich nach Hause

Kapitel 2 - Willkommen in Vietnam

Orientierungstraining in Fort Lewis, Washington

Vor ihrer Ankunft in Vietnam benötigte die Armee eine einwöchige Einweisung Ausbildung. Im September 1970 änderte sich das Wetter auf den Schießplätzen von Fort Lewis. Washington war in den 70er Jahren, mit sanften Brisen und dem blauesten Himmel Ich habe es je gesehen, und zwar mit einer dramatischen Aussicht auf den Mount Rainer. Die Ausrichtung Die Ausbildung für Vietnam umfasste Gewehrschießen, medizinische Notfallversorgung und Kultur Training und andere Dinge, an die ich mich nicht erinnern kann.

Ein interessantes Briefing war, dass die vietnamesische Weltanschauung anders ist aus westlicher Sicht. So viele Vietnamesen sind Buddhisten, und sie Ich glaube, dass amerikanische Soldaten auch zutiefst religiös sind, weil sie Fragen Sie Ihren Gott mehrmals am Tag um Rat. Es ist üblich, wenn Wenn man mit Amerikanern redet, sagt man, dass sie ihren Gott fragend um Rat fragen werden Vorschläge. Ihr Gott ist sehr persönlich und immer in ihrer Nähe. Sie tragen ihr Gott ist normalerweise an ihrem linken Handgelenk. Dieser Gott ist eine Uhr, die amerikanisch ist Soldaten tragen. Wir fanden es ziemlich lustig. Dennoch hat es einen Sinn ergeben, sie habe eine andere Ansicht.

Am Ende der Schulung überreichte mir ein Sachbearbeiter ein Flugticket nach Vietnam zusammen mit Beförderungsbefehlen zum Kapitän. Sofort ging ich zur Basis Tausch und kaufte die Rangabzeichen des Kapitäns. Dann ging es zu den Beamten Club und kaufte eine Runde Getränke, um mit Fremden zu feiern. Schnell, ich verabschiedete sich und ging zum Flugzeug.

Aber das Flugzeug hatte Verspätung, was mir Zeit gab, einen Buchladen zu erkunden im Terminal. Ein paar Kerle, die auf der Suche nach einem Kampf waren, fingen an zu drängen und schubst mich. Aber ich schaute sie nur an, zuckte mit den Schultern und bewegte mich weg. Ich dachte: „Mach nichts Dummes."

Ich ging zum Flugzeuggate und bestieg das Flugzeug.

Flug nach Vietnam

Während das Flugzeug in Alaska aufgetankt wurde, durften wir nicht aussteigen. Jedoch, In Japan durften wir während des Auftankens des Flugzeugs hineingehen kleiner Innenhof mit Stacheldraht auf den Mauern. Es war seltsam zu sehen Militärpolizei mit Waffen bewacht das Gebiet. Zuerst dachte ich, sie wären es um uns vor feindlichen Japanern zu schützen. Aber dann wurde mir klar, dass das nicht der Fall war Blick außerhalb der Mauer des Geländes; Stattdessen standen sie uns gegenüber Ihre Gewehre waren auf uns gerichtet. Dann wurde mir klar, dass sie dafür sorgten, dass nein man würde desertieren, um nicht nach Vietnam zu gehen.

Als ich in Cam Ranh, Vietnam, aus dem Flugzeug stieg, war die Luft so heiß und roch Es war, als hätte mich eine frisch gefüllte, nasse Babywindel ins Gesicht geschlagen.

Ich stieg in einen armeegrünen Bus. Als der Bus vom Flugplatz abfuhr, bemerkte ich das Es gab Gitter an den Fenstern und dachte: „Warum sind da Gitter an den Fenstern?" Fenster?" Als der Bus durch karge Sanddünen fuhr, dachte ich: „Wann? Bekomme ich eine Waffe? Wie soll ich einen Hinterhalt bekämpfen, wenn es welche gibt? Gitter an den Fenstern und keine Waffe?" Später stellte sich heraus, dass es sich um eine Basis handelte so groß, dass wir die Basis noch nicht einmal verlassen hatten.

Empfangszentrum

Als ich in der Nähe des Empfangszentrums aus dem Bus stieg, musste ich die Männertoilette benutzen Zimmer. Es war eine riesige Halle mit vielleicht hundert Einzelkabinen Toiletten. Viele Frauen badeten Kinder in den Toiletten. Sie haben das gewaschen Kind. Habe die Toilette gespült. Habe das Kind gewaschen. Habe die Toilette gespült. Als ich vorbeikam An den Ständen gab es mehr Frauen, die ihre Kinder wuschen. Ich habe das Dringende verloren Wunsch, in diesem Moment die Herrentoilette zu benutzen. Allerdings war ich verwirrt darüber, warum es so viele vietnamesische Frauen gab auf dem Stützpunkt und insbesondere beim Waschen ihrer Kinder in der Männertoilette. Es stellte sich heraus, dass die US-Armee dafür vietnamesische Männer und Frauen anheuerte Verschiedene Aufgaben auf den Stützpunkten wie Arbeiten im Friseursalon,

Waschen Kleidung, Reinigung von Räumen und Einrichtungen sowie Reinigung der Spültoiletten, und die verschiedenen Größen von Nebengebäuden. Also offenbar diese Vietnamesinnen die ich zum ersten Mal sah, durften ihre Kinder auf den Stützpunkt bringen.

Im in Bearbeitung befindlichen Empfangszentrum füllte ich einige Formulare aus und erhielt sie eine Anleitung, wo man essen und schlafen kann. Schließlich fand ich eine Koje und machte sich bereit zum Schlafen. Ein Beamter beanspruchte eine Koje neben mir. Auf seiner Uniform befanden sich Abzeichen der Luftwaffe, der Ranger und der Spezialeinheiten. Leise machte er deutlich, wie großartig und stark er war. Mit geübtem Tamtam legte er sein Gewehr vorsichtig unter die Matratze. Dann legte ich mich auf das Etagenbett und schlief. Ich fragte mich einen Moment, wie er so schnell an ein Gewehr kam.

Später in dieser Nacht, als ich bequem in meiner Koje einschlief, hörte ich ein summendes Geräusch, als würde ein überlasteter Transformator explodieren. Außer es war zeitweise. Das laute monotone Summen dauerte einige Sekunden. Dann ruhig. Dann

Abbildung 28 Ein Beispiel für einen Hubschrauber, der eine Minigun 4.000 Schuss pro Minute abfeuert

summte es erneut. Dies geschah immer wieder. "Was zum Teufel?" Ich stand auf, ging raus, um zu sehen, was los war, und wunderte mich, warum niemand den Transformator reparierte. Alle anderen schliefen, als wäre das normal oder es wäre ihnen egal.

Als ich zu der samtigen Schwärze aufblickte,[89] sah ich, dass, als das Summen ertönte, ein langer roter Stab vom Himmel auftauchte und zur Erde hinabstieg. Als das Summen aufhörte, verschwand der Stab. Puh, es war ein Hubschrauber, der mit einer Minigun auf ein Ziel schoss. Es konnte bis zu 4.000 Schuss pro Minute abfeuern. Alle fünf oder sieben

---

[89] Copyright © International Ammunition Association. Photo obtained by and Forum Maintained by Aaron Newcomer:
https://forum.cartridgecollectors.org/t/type-of-7- 62x51-ammo-used/46593
November 10, 2022.

Schüsse gab es eine Leuchtspur, die einen roten Streifen hinterließ. Da so viele Schüsse pro Minute abgefeuert wurden, schien es, als hätte der Hubschrauber einen langen Besenstiel dabei, ein Gebiet abzufegen.

Willkommen in Vietnam

Am Morgen während der Bearbeitung schien es das Erste und Wichtigste zu sein Wichtig war, dass ich begann, die Tage bis zur Heimreise zu zählen. Jedoch, Ich habe das nicht getan. Ein ehemaliger Oberfeldwebel beriet mehrere davon Wir sollten die Tage nicht zählen, weil sich die Zeit dadurch wie ein Gefängnis anfühlte und schien für immer.

Dennoch erstellten viele Soldaten Kalender, in denen sie herunterzählten die Tage, bis es Zeit war, nach Hause zu gehen. Leider hat es die Soldaten mehr gemacht Interesse daran, die Tage zu überstehen, um nach Hause zu gehen, statt zu gewinnen ein Krieg. Ihr einziges Interesse am Gewinnen bestand darin, auf den Freedom Bird zu steigen was sie verlassen würden. Niemand kümmerte sich darum. Es gab keine Begeisterung für den Sieg der Krieg; Stattdessen wurde es in die Zeit gesetzt und dann nach Hause gehen.

Ich stand Schlange, um meine Aufgabe zu bekommen. Derselbe Airborne Ranger aus dem Die letzte Nacht stand vor mir. Am Einsatzschalter der Leutnant schaute sich die Qualifikationen des Airborne Rangers an und gab ihm einen Auftrag. Der Typ ist völlig aus dem Häuschen. „Sie können mich dieser Einheit nicht zuordnen."

„Sir, Sie erfüllen genau die Qualifikationen für Spezialeinheiten."

„Schau, ich möchte zum 101. gehen."

"Herr! Du gehst verdammt noch mal zur Spezialeinheit, wer weiß Wo. Die Armee hat viel Geld für die Ausbildung bezahlt. Diese in der Luft, Die Registerkarten „Ranger" und „Spezialeinheiten" dienen nicht der Anzeige. DU wirst jetzt gebraucht in dieser Einheit!!"

Die Fassung des Kerls änderte sich. Wütend schlich er davon.

Dann trat ich vor. Der Leutnant (LT) warf einen Blick auf meine Qualifikationen. Er schnappte sich seinen Pionier-Offizier-Stapel.

Habe die oberste Stellenanzeige herausgezogen und reichte es mir. Ich erinnere mich an den vorherigen Austausch zwischen der LT und der Airborne Range sagte ich: „Ja, ich bin für diese Einheit qualifiziert. Vielleicht haben Sie eine Einheit in dem ich bereits zwei Jahre lang eine Ausbildung absolviert habe. In dieser Art von Einheit weiß ich die Ausrüstung, die Fähigkeiten und wie man sie einsetzt. Ich kann nach rechts treten inand die Arbeit erledigen. Bitte schauen Sie sich den Stapel der Stellenangebote für Ingenieure an Papiere und sehen Sie, ob es eine Einheit gibt, in der ich vollständig ausgebildet bin? Da muss sein Es gibt einige freie Stellen, die genau zur Armee passen, und jeder gewinnt."

Er seufzte, vielleicht hatte er das Gefühl, dass dies ein weiterer Streit sein würde Als Erstes am Morgen und was für ein mieser Tag es sein würde. Er schlurfte legte ein paar Papiere auf den Stapel und reichte mir eine exakte Übereinstimmung. Ich war begeistert. Schwebte aus dem Zelt in die kühle Umarmung von über 100 Grad feuchter Temperatur. Ich habe nicht einmal den Geruch aus den Latrinen bemerkt.

An die Pionierbattaillon...

Ein weiterer tristgrüner Armeebus setzte mich bei der 18. Pionierbrigade ab Hauptquartier am Nachmittag. Ein Kapitän begrüßte mich und vereinbarte einen Termin für das Treffen Kommandierender General und richtete ein Zimmer für die Nacht ein. Er sagte, ich würde es tun Morgens per Helikopter zum Konzernhauptquartier fliegen.

Der Kommandant, Brigadegeneral Henry C. Schrader, war begeistert, müde und sehr sympathisch. Er erklärte ein paar Dinge und erkundigte sich nach meinem Hintergrund, schaute sich meine Akte an und sagte: „Ich bin froh, dass wir bekommen erfahrene Kapitäne jetzt. Viel Glück." Der General machte den Kommentar über Erfahrung, weil es so wenige Kapitäne gab. Die meisten Soldaten die nach zwei Jahren berechtigt waren, Kapitän zu werden, entschieden sich, auszusteigen die Armee.

Am Morgen brachte mich ein Helikopter…

Zur Ingenieurgruppe…

Ein Transportflugzeug vom Typ C130 brachte mich zu einem Flughafen in der Nähe der Engineer Group Hauptquartier. Nach meiner Ankunft füllte ich einige Papiere aus und bekam einen Auftrag Etagenbett zum Schlafen. Am Morgen sagte mir jemand, ich solle einen Konvoi leiten. Das war wirklich rätselhaft. Ich wusste nicht, wohin es führte, was es war fähig, was die Kommunikationscodes waren, wer, wie viele Leute, welche Lastwagen, und der Himmel weiß, was sonst noch.

Der Typ sagte: „Mach dir um nichts Sorgen. Nichts wird passieren. Es ist sicher. Jeder weiß, was er tut."

Also sprang ich in den Jeep und las ein paar Minuten lang schnell verschiedene Zeitungen was er mir gegeben hatte. Dann sagte er „Viel Glück" und ging weg.

Der Konvoi startete ohne meine Anweisung und setzte seinen Weg fort. Ich dachte: „Das ist dumm. Und gefährlich für alle. Ich persönlich habe es getan den Fahrern und den Unteroffizieren nicht bei einer Besprechung Anweisungen geben, was sie zu tun haben Was Sie im Falle eines Hinterhalts tun sollten, überprüfen Sie das Kommunikationssystem und die Zeit bis das Ziel, der richtige Abstand zwischen Fahrzeugen, die Geschwindigkeit usw. usw. Willkommen in Vietnam."

Nachdem ich mich beruhigt hatte, genoss ich die Aussicht. Die Frauen in ihrem traditionellen Kleid. Männer arbeiten in verschiedenen Geschäften. Benzin wurde in verschiedenen Ausführungen verkauft Glas-Liter-Flaschen. Ich ging davon aus, dass die Flaschen an der Tankstelle blieben. Der Der Himmel war blau und das Wetter war recht angenehm.

Der Konvoi fuhr durch mehrere Dörfer. Als es ein Dorf verließ, saß dort eine alte, ganz in Schwarz gekleidete Dame auf der rechten Straßenseite. Ihrem Gesicht mangelte es an Emotionen. Es war stoisch. NEIN Ausdruck. Ihr in die Augen zu schauen war, als würde man in einen tiefen, dunklen Abgrund starren. Dreiundfünfzig Jahre später kann ich immer noch diese dunklen, emotionslosen Augen vor mir sehen. Unbewusst schwenkte ich mit zwei Fingern ein V für Frieden. Ohne Emotionen ihre Augen folgte mir. Der Konvoi fuhr weiter.

Am nächsten Tag wurde ich beauftragt, denselben Konvoi zu leiten. Ich dachte: „Ist das was für ein? „Was soll der neu beförderte Kapitän in Vietnam machen?" Dieses Mal jedoch ich Ich hatte alles besser organisiert und gab den Befehl, den Konvoi in Bewegung zu setzen. Wieder stand die schwarz gekleidete alte Dame am Straßenrand. Wieder winkte ich das V für das Friedenssymbol an ihr. Es war absolut kein Ausdruck zu erkennen ihr Gesicht. Ihre emotionslosen Augen schienen ein Portal zu einem anderen Universum zu sein. ICH fühlte sich in ihre Welt hineingezogen. Ich winkte ihr ständig mit dem „V"-Fingerzeichen zu. Der Konvoi fuhr weiter und ich schaute nicht zurück.
Dies dauerte mehrere Tage. Dann, eines Morgens, als ich das bekam Als der Konvoi bereit war, rannte ein Angestellter aus dem Büro des Obersten. "Herr! Der Oberst will dich jetzt sehen."

„Wer wird den Konvoi übernehmen?" Ich fragte.

„Mach dir darüber keine Sorgen. Ein anderer Typ wird es übernehmen."

Ich zuckte mit den Schultern. Aus dem Jeep gestiegen. Ging zum Colonel.

„Captain, hier ist Ihr Auftrag. Vielleicht holen wir Sie noch heute raus. Aber ich denke das Fahrzeug ist bereits abgefahren."

Also hatte ich einen Tag frei. An diesem Abend kam meine Mitbewohnerin herein. „Das wissen Sie Konvoi, den Sie geführt haben? Der Typ, der Ihren Platz einnahm, wurde getötet. Ich glaube, es war die Dame, die Sie erwähnt haben, die ihn in die Luft gesprengt hat." Ob das war der Konvoi, den ich genommen hätte, oder ein anderer Konvoi in einem anderen Einheit, die ich nie kennengelernt habe.

Betäubt fühlte ich: „Ich bin froh, dass ich es nicht war." Allmählich wurde ich taub. Ich denke, „Willkommen in Vietnam."

Kapitel 3 - Geheimdienstoffizier

Die Arbeit meines Bataillons bestand darin, die Kämpfe zu unterstützen in den drei Bildern unten gezeigt; aber keiner von uns war daran beteiligt direkter Kampf. Die Leichen stammten immer von Nordvietnamesen oder Vietcong Soldaten. Ich habe nie einen toten amerikanischen, koreanischen oder australischen Soldaten gesehen aus Schlachten. Während ich mit verschiedenen Aufträgen unterwegs war, kam ich gelegentlich vorbei auf Szenen wie diese nach einem Kampf. Also, mir ging es gut. War bequem. Hatte regelmäßige Nahrung, Unterkunft und einigermaßen guten Schlaf. In den Kriegsfilmen geht es darum Die oben gezeigten Blut- und Eingeweideszenen. Über Helden, Wut, Töten, Verstümmeln, bombardieren, verlieren und hoffen, zu gewinnen. Das war nicht meine Kriegserfahrung.

Ich hoffe, dass diese Bilder den Lesern helfen werden, einige Zusammenhänge zu verstehen vom Rest dieser Geschichte.

Abbildung 29 Zur Unterstützung dieser Operationen bauten Ingenieure Straßen, Brücken und Flugplätze

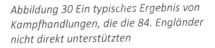

Abbildung 30 Ein typisches Ergebnis von Kampfhandlungen, die die 84. Engländer nicht direkt unterstützten

Abbildung 31 Es kam häufig vor, dass man Tote entlang einiger Straßen oder Felder sah

Abtretung

Irgendwie erreichte ich das Hauptquartier des 84. Pionierbataillons in Quy Nhon. Oberstleutnant Remus, der Kommandeur des Combat Heavy Engineer Battalion begrüßte mich. Er war ein selbstbewusster,

Abbildung 32 Von Cam Ranh nach Quy Nhon

scharfsinniger, inspirierender Trainer und Kommandant mit wem ich auch in Zukunft in Kontakt blieb dreiundfünfzig Jahre. Seine Führung und Coaching hat mir in beidem geholfen mein militärisches und ziviles Leben. Wirklich eine inspirierende Person. Ein Mensch. Sehr sympathisch und geduldig mit Jeder jeder, während er noch drückt um die Arbeit zu erledigen. Er war immer dort bei uns. Das hat er nie getan Hängen Sie mich zum Trocknen an einen Ast wenn etwas nicht richtig lief. So leitete, trainierte und betreute er und habe die Arbeit erledigt. Er sollte war Generaloffizier.

Langweilig

Ich wurde als Geheimdienstoffizier des Bataillons eingesetzt, also als Ingenieur Einheit ist sehr langweilig. Jeden Morgen Lageberichte über einen Norden lesen Eine vietnamesische oder vietnamesische Einheit „fragt" in einem Dorf nach Säcken Reis, oder einen Konvoi angreifen oder ein Gebäude in die Luft jagen, oder, oder, oder. Es schien wie nutzlose Informationen für Ingenieure. Allerdings wurde mir schnell klar, dass es der Schlüssel ist sollte die Menschen darauf aufmerksam machen, dass das Bataillon dort zwar nicht kämpfte war immer noch Krieg. Da musste also jeder ein gewisses Verständnis dafür haben war immer noch eine Bedrohung und wurde nicht nachlässig. Daher mussten sie folgen Verfahren, um bei der Durchführung der technischen Arbeiten sicher zu sein.

Obwohl es eine Enttäuschung war, diesen Auftrag zu erhalten, beschloss ich, die Aufgabe gewissenhaft und enthusiastisch zu erledigen und mich gleichzeitig ehrenamtlich für andere Projekte zu engagieren wie benötigt.

Bataillonsicherheit

Eine meiner weiteren Aufgaben war die Basissicherung des Bataillonshauptquartiers und der dort ansässigen Kompanie C (eine der fünf Untergebenen). Pioniereinheiten zum Bataillon. Es gab eine Umzäunung aus Stacheldraht und Wachtürme. Jede Nacht überprüfte ein anderer Beamter den Umkreis Zwei Stunden lang habe ich jeden Turm bestiegen, um sicherzustellen, dass er intakt war, um ihn zu stimulieren Die Soldaten mussten wach bleiben, die Kommunikation überprüfen und dann schlafen eine Stunde. Die ganze Nacht über wiederholte er den Vorgang. Am Morgen er kehrte zu seinen normalen Aufgaben zurück. Es war eine langweilige Pflicht und für Soldaten einfach Wachdienst zum Einschlafen. Es gab Bewegungsmelder, die das zu tun schienen Erkennen Sie nur Tierbewegungen. Diese führten zu Fehlalarmen, die zu Fehlalarmen führten leicht zu ignorieren. Wenn es einen Angriff gäbe, dann mehr Bewegungsmelder würde darauf hinweisen, dass etwas im Gange war. Auch, da wir Ingenieure waren Viele von uns dachten, dass es keinen großen Grund gab, das Gelände anzugreifen.

Darüber hinaus haben viele von uns gehört, dass die Nordvietnamesen und die Viet Cong glaubte, dass sie den Krieg gewinnen würden. Also die Arbeit, die wir Ingenieure leisten Was sie taten, würde ihnen nach Kriegsende zugute kommen. Es wäre dagegen Es wäre ihr bestes Interesse, wenn sie eine technische Einheit angriffen. Das würden sie also nicht tun Greift uns Ingenieure an.

Eines Nachts, als ich in meiner bequemen Koje einschlief, fühlte es sich an, als wäre jemand Ich schaltete einen riesigen Flugzeugsuchscheinwerfer in meine Augen ein. Weniger als ein Bruchteil Eine Sekunde später erklang das vulkanische Geräusch des explodierenden Munitionsdepots auf der anderen Straßenseite hat mich völlig aufgeweckt. Ich dachte: „Ich habe es vermasselt!"

Mein Hintern dehnte sich plötzlich so weit aus, dass er die Titanic und den Eisberg traf hätte durchkommen können. Im nächsten Sekundenbruchteil wurde es enger so weit nach oben, dass ein Elektron, das um den Kern eines Atoms wirbelt, dies könnte nicht passieren. Zum ersten Mal habe ich den GI-Jargon verstanden der Pucker-Faktor.

Alle wachten auf, ohne dass der Wecker klingeln musste. Sie schnappten sich ihre Gewehre und rannten zu ihren Stationen. Ein Granatsplitter hat meine rechte Seite leicht verletzt Fuß. Ich wollte keinen Sanitäter. Aber einer kam trotzdem. SGT Ed MacNeil III schien enttäuscht, dass es nicht ernster war. Es war mir peinlich und Es tut mir leid für ihn, denn er wollte wirklich jemandem helfen, der es brauchte. Außerdem war er ein sehr bewusster, engagierter und beliebter Mensch. Leider mehrere Monate später tötete eine Mine ihn und vier weitere Soldaten.

Später gingen wir wieder schlafen. Bin morgens aufgestanden. Dann wurde mir klar, dass die 105 und 155 Artilleriemunition explodierte immer noch und tat dies noch zwei Stunden lang Tage. So gut wir konnten, führten wir den Betrieb fort. Ich habe nie herausgefunden, was tatsächlich die Explosion verursacht hat. Vielleicht jemand, der raucht, eine Rakete oder Sabotage?

Monsun

Während des Monsuns überschwemmte heftiger Regen das Hauptquartier.

Trotzdem haben wir gehalten an unseren Arbeitsplätzen. Ein Hügel am Gelände begann langsam in Richtung des Hauptquartiers abzurutschen und Kompanie C-Verbindung. Also habe ich eine Truppe stählerner Soldaten zusammengestellt Planen, Stangen und Vorschlaghämmer. Wir gingen den Hügel hinauf und bauten hastig Barrieren, um zu verhindern, dass noch mehr Schlamm nach unten rutscht. Während es nass war und Drecksarbeit, jeder hat es zu einem lustigen Job gemacht. Vielleicht waren wir einfach wie Kinder Wieder im Schlamm spielen. Draußen an der frischen Luft zu sein war ein willkommenes Vergnügen Abwechslung von der unerbittlichen Langeweile des Büropapierkrams, und wir waren einfach zufrieden wie Kinder, die im Schlamm spielen. Viel Spaß!

Mehrere Tage lang stand das Hauptquartier des Bataillons knietief im Wasser. Wie am besten Soweit wir konnten, machten wir weiter mit unserer Arbeit. Um eine Ansteckung zu verhindern, falls jemand wurde von Gegenständen unter Wasser zerschnitten, wie Oberstleutnant Remus angeordnet hatte dass die Ärzte jedem eine Tetanusimpfung verabreichen. Wenn man bedenkt, was das Grunzen ist Da es uns gut ging, hat sich niemand beschwert.

Bong-Son-Brücke

Vor, während und nach dem Monsun gehörte es zu meinen Pflichten, verschiedene Orte zu besuchen Baustellen und Erstellung von Berichten über die Qualität der Durchlässe, Brücken usw Strassenbauarbeiten. Eines der Projekte war es, die Qualität eines zu überprüfen Stahlträger und Betonbrücke etwa 1.000 Fuß lang. Es war etwa fünfundsiebzig Fuß hoch, und dreißig Fuß breit und breit einen Meter tief. Der letzte Teil Der Kern des Projekts war die Installation eines Winkeleisengeländer („L"-förmig). Stahl) wie im Bild gezeigt auf beiden Seiten der Brücke.

Mein Fahrer und ich blieben über Nacht in der nahegelegenen 173. Infanterie Brigadegelände. Unterdessen, in der Nacht, ein Südvietnamesen Ein Infanteriezug bewachte die Brücke. Eines

Morgens fuhren mein Fahrer und ich los das Brigadegelände. Als wir durch das Dorf fuhren, grübelte ich verschiedene Probleme und was zu überprüfen ist. Plötzlich rief mein Fahrer. "Mann. Schauen Sie sich das ganze Winkeleisen an!" Ich unterbrach meine tiefen Gedanken und wurde trübe Ich wusste, dass das kleine Restaurant Winkeleisen hatte. Die Tankstelle mit dem Liter Mit Benzin gefüllte Flaschen hatten Winkeleisen. Das Bordell hatte Winkeleisen. Es schien, als hätte jedes Geschäft im Dorf Winkeleisen. Plötzlich, es kam mir in den Sinn. „Woher kam all dieses Winkeleisen?"

Als ich an der Brücke ankam, waren der Zugführer und sein Zug verschwunden. Es wurde schnell klar, dass der Zugführer das

Abbildung 33 Bong-Son-Brücke im Bau durch Kompanie B, 84th Eng Bn (Combat Heavy) Mit freundlicher Genehmigung der 84th Eng Bn Association Vietnam

Winkeleisen verkauft und bezahlt hatte sein Zug und verschwand. Da es großes Interesse gab, es zu bekommen Nachdem die Brücke fertiggestellt war, verbreitete sich die Nachricht schnell unter wichtigen Vietnamesen und amerikanisches Volk. Es kam zu Auseinandersetzungen darüber, wer dafür verantwortlich sei. Nach Beim Abendessen kam es zu einer hitzigen Besprechung. Die Berater der Armee schrien Vietnamesische Politiker, die andere Amerikaner anbrüllten. Plötzlich sahen mich alle an und fingen an zu schreien, ich sei verantwortlich und Ich müsste das ganze Winkeleisen bezahlen und ich müsste mir jetzt Winkeleisen besorgen.

"Was? Wie bin ich da hineingeraten?"

Fassungslos und deprimiert verließ ich den Sturm. Für einen Moment habe ich Überlegte, wie viele Monate an Zahlungen ich dafür leisten müsste Verlust des Winkeleisens. Dann schaute ich zum schwarzen Himmel hinauf. Die Sterne waren wie leise schimmernde Juwelen. Ich dachte an die Millionen anderer Soldaten Im Laufe der Jahrhunderte muss auch dieser zu denselben Sternen aufgeschaut haben die gleichen deprimierten Gefühle bei viel ernsteren Katastrophen wie dem Tod,

Verstümmelung, Kampfniederlage und drohender Untergang. Im Vergleich dazu mein Problem war winzig und unbedeutend. Tatsächlich im großen Umfang des Universums Das Problem wäre nicht einmal die Registrierung. Also musste ich nur einen Weg finden, dies zu tun löse es. Und außerdem, egal welche Mächte man sich vorstellen kann, da Es gab keine Möglichkeit, dass ich für die Sicherheit der Brücke oder verantwortlich war der Verlust des Winkeleisens.

Es wurde eine weitere Lernerfahrung. Wenn etwas schief geht, Die Leute rennen in Deckung, hoffen, dass ihnen niemand die Schuld gibt, und um sich zu verteidigen Sie geben die Schuld sofort jemand anderem zu. Sie geben jedem die Schuld Ich hoffe, das Problem bleibt nicht bei ihnen hängen. Ziel ist es, nicht hängen zu bleiben die Schuld. Dies war ein Muster, das ich sowohl in der Armee als auch in der Armee immer wieder beobachten konnte. Zivilleben, Politik, Seminar, Religion usw. Tatsächlich ist es eines der ersten Geschichten in der Bibel. „Bin ich der Hüter meines Bruders?"

Irgendwie tauchten in ein paar Tagen weitere Winkeleisen auf. Ich habe nie erfahren, wo es ist kam von noch wer das Problem gelöst hat. Egal, ich wurde weder beschuldigt noch hatte ich es getan für irgendetwas bezahlen. Vielleicht ist die Militärpolizei durch das Dorf gegangen und beschlagnahmte das gesamte Winkeleisen. Ich weiß es wirklich nicht und habe beschlossen, dass es so ist wäre es klüger, nicht zu fragen.

Warum eine so lange und hohe Brücke?

Mehrere Monate lang fragte ich mich, warum Ingenieure die Brücke so entworfen hatten sei so lang und so hoch. Als das Projekt die Monsunzeit beendete wurde gestartet. Die Regenfälle waren zeitweise so stark, dass dies unmöglich war Sehen Sie mehr als zehn Meter entfernt. Als der Wasserstand um zehn Meter anstieg Der Bach wurde zu einem 330 meter breiten Fluss. Dann wurde mir das in der Ferne klar In der Ferne waren Berge. Das ganze Wasser in diesen Bergen floss unter der Brücke.

Nach ein paar Tagen fragte ich mich, ob die Brücke hoch genug war. Wäre es so Platz genug, damit tote Wasserbüffel und Menschen vorbeischwimmen können? Irgendwo In den hinteren Rängen der Armee hat ein Konstrukteur es genau herausgefunden die

Wasserströme und die Anforderungen an die Brücke. Seitdem habe ich es getan wollte den Designer treffen und erfahren, wie er es gemacht hat. Konzeptionell habe ich die Idee; Aber der Ingenieur in mir möchte die Details wissen, die Berechnungen, die Politik des Aufbaus usw.

Außerdem floss das gesamte Wasser in das nahegelegene Dorf auf der einen Seite des Flusses in der Nähe des Geländes der Kompanie B. Ich habe oft mit diesen Dorfbewohnern geplaudert. Als die Als der Fluss anstieg und in Richtung Dorf kroch, erwähnte ich, dass ihre Hütten erhalten würden überflutet. Vielleicht sollten sie ihre Hütten weiter oben, weg vom Fluss, bauen.

Sie lachten und sagten: „Captain, Sie sind verrückt. Wenn wir weiter aufbauen, dann Wir gehen weiter, um den Fluss zu nutzen. Wenn das Wasser in die Hütten kommt, wir auf den Dächern sitzen. Wir sitzen dort nur zwei Wochen. Der Rest des Jahr sind wir nah am Fluss und müssen nicht so weit laufen." Sie lachten auf meinen dummen Vorschlag hin.
Es war eine andere kulturelle Perspektive. Wir alle schauen auf die gleichen Ereignisse und kommen häufig zu unterschiedlichen Interpretationen. Gibt es in diesem Fall eine richtige oder falsche Interpretation?

Bataillon zieht nach Da Nang

Dem Bataillon wurde befohlen, von Quy Nhon 200 Meilen nördlich nach Da zu ziehen Nang. Das Bataillon S-4 (Logistikoffizier) brauchte Hilfe beim Umzug. Ich war (und bin immer noch) ein frei schwebender Geist, Oberstleutnant Remus Ich wurde beauftragt, der S-4 beim Transport der Ausrüstung auf dem Seeweg zu helfen.

Am Dock befanden sich ein Schiff zur Aufnahme der Ausrüstung und ein Warrant Officer kontrollierte den Hafenbetrieb. Er brauchte die TCMDs (Transportation Kontrollbewegungsdokumente) in mehreren Kopien genau ausgefüllt. Er war darüber ziemlich hitzig, da offenbar keines der Dokumente vorhanden war präzise abgeschlossen. Also erklärte er geduldig, dass die Lademeister und Die Besatzungen nutzen die Dokumente, um die Ladung auf den Schiffen zu positionieren. Sie sehen schnell aus an ganz bestimmten Stellen der Dokumente zur Information. Diese Räume waren leer. Und wenn sie anfangen, danach zu suchen, schauen sie vielleicht mal vorbei an der falschen Stelle und verwenden Sie die falschen Daten. Das kann zu Problemen führen Beladung, und wenn die See rau ist, kann unsachgemäß geladene Ladung zum Absturz des Schiffes führen aufzulisten und sogar Wasser aufzunehmen. Alles musste so genau stimmen und zwar an der richtigen Stelle im Formular.

Ich dankte ihm dafür, dass er mir geduldig die Notwendigkeit einer Präzisionsfüllung erklärt hatte die Unterlagen raus. Dies war eine weitere Lektion, um sicherzustellen, dass die Menschen Sie müssen wissen, wie wichtig es ist, pünktlich und qualitativ hochwertige Arbeit zu leisten. Wenn nicht Wenn sie das verstehen, gehen sie ihren eigenen Weg und machen Fehler. Im Militär können solche Fehler sogar bei Unterstützungseinsätzen auftreten verletzt oder getötet.
Mir wurde schnell klar, dass es einen geben würde, um zum Bataillon zurückzukehren Ich kämpfe darum, einige Angestellte dazu zu bringen, die Formulare ordnungsgemäß auszufüllen. Darüber hinaus keine Die Bearbeitung der Dokumente würde bis zum nächsten Tag beginnen. Also fragte ich die Warrant Officer für eine Schreibmaschine, Formulare und einen Arbeitsplatz. Innerhalb weniger Stunden, die Formulare wurden zu seiner Zufriedenheit ausgefüllt und dann die Ausrüstung konnte zur Verladung angenommen werden.

Südkoreanischer Vier-Sterne-General

Einige Tage später wurde die Ausrüstung auf einen Frachter verladen. Zu machen Sicher, dass alles reibungslos lief, ging ich zur Werft. Als meine Als sich der Jeep dem Eingang näherte, regelte ein südkoreanischer Abgeordneter den Verkehr. Elegant gekleidet in einer knackigen Uniform, mit weißen Handschuhen und glänzendem Helm, Er zeigte mir auf den Steg, der wie ein „T" geformt war. Mein Fahrer drehte den Jeep wie auf die Basis des „T" gerichtet. Das Schiff hatte am anderen Ende angedockt linkes Bein des „T".

Auf beiden Seiten des langen Piers befanden sich Reihen elegant gekleideter Südstaatler Koreanische Soldaten stehen stramm, tragen weiße Handschuhe und haben Gewehre vor sich Seiten. Sie hatten einen perfekten Abstand, sechs Reihen tief und mindestens einen Fußball Feld lang. Mein Fahrer sagte scherzhaft: „Mann, sieh dir das an. Sie sind alle hier für uns."

Als wir uns der Kreuzung des „T" näherten, sah uns ein perfekt gekleideter koreanischer Abgeordneter uns. Mit großem Stolz winkte er uns mechanisch mit seinem rechten Arm weiter. Verwundert blickte er mit dem linken Arm über die Kreuzung begann mechanisch ein anderes Fahrzeug hindurchzuwinken.

Mein Fahrer trat auf die Bremse und stoppte den Jeep nur wenige Zentimeter vor dem T-Boning der Jeep des Generals. Es hatte ein leuchtend rotes Rechteck mit vier riesigen weißen Sternen auf der Vorderseite. Hoch hinten saß ein Vier-Sterne-Südkoreaner Allgemein. Mit verschränkten Armen blickte er auf den MP herab und knurrte ein wütendes Gesicht. Sein Jeep fuhr weiter. Sofort eine Menge Geschrei Südkoreanische Soldaten stürmten auf den Abgeordneten zu. Ein Leutnant begann zu ohrfeigen – nein Schlagen – der Abgeordnete. Die Menge schrie den Soldaten an.

Ich sagte ruhig, aber mit einem Gefühl der Dringlichkeit, zum Fahrer: „Verschwinde, verdammt noch mal von hier – allerdings langsam – bevor sie sich gegen uns wenden." Auf der Durchreise Nachdem wir uns einer Schar von Soldaten unterworfen hatten, die uns sanftmütig vorbeiließen, gingen wir weiter zum Schiff.

Nachdem überprüft wurde, dass die Ladung, der Papierkram und das Manifest in Ordnung waren und bereit zum Aufbruch kehrte ich zum Jeep zurück. Zufrieden mit dem Laden der Schiff, mein Fahrer und ich fuhren zurück zur Kreuzung. Der Abgeordnete und Leutnant waren allein. Der Leutnant schlug weiterhin auf das rote Gesicht des tränenreichen Abgeordneten.

Mein Fahrer zögerte. Ich bedeutete ihm, weiterzufahren. Ich hatte nicht vor, es zu bekommen Ich war in einen Vorfall zwischen den Armeen verwickelt, den ich erklären würde für den Rest meines Lebens. Ich wollte auch keine anderen koreanischen Soldaten in der Nähe haben, Ich arbeite an verschiedenen Aufgaben, sehe mich in den MP eingebunden und entscheide mich dafür sehen, was passieren würde. Und dann plötzlich würden mein Fahrer und ich es tun in einen Kampf verwickelt sein. Ein Kampf, den ich nicht gewinnen würde. Wir verließen den Leutnant Den rotgesichtigen, weinenden Soldaten ohrfeigen.

Ich habe mich oft gefragt, was jemals aus ihnen geworden ist.

Kapitel 4 - Kommandantkompanie

Als Geheimdienstoffizier fragte ich mein Bataillon Kommandant, Oberstleutnant Remus, um mich als Kompanie zu ernennen Kommandant. Einige Tage oder Wochen später teilte er mir mit, dass ich derjenige sein sollte Kommandeur der Kompanie B, was mich begeistert hat. Da ich es kannte Die Mission der Einheit, die Ausrüstung, die Probleme und die Anführer, es war eine perfekte Wahl. Dann, etwa eine Woche bevor ich das Kommando übernehmen sollte, der Gruppenkommandeur wollte, dass jemand anderes, der außerhalb des Bataillons war, die Leitung übernimmt. Also, Der Befehlsauftrag für Kompanie B war ausgefallen. Diese Entscheidung hat mir das Leben gerettet. Diese Geschichte wird in einem späteren Kapitel erzählt. Seltsam, wie manche Entscheidungen passieren die einen dramatischen Einfluss auf das eigene Leben haben, ohne es zu wissen.

Ungefähr einen Monat später forderte mich Oberstleutnant Remus auf, das Kommando zu übernehmen der Kompanie D. Er erklärte weiter, dass die Kompanie D des 84. Bataillons sei wurde aus dem Bataillon und der Kompanie C der 589. verlegt Das Pionierbataillon ersetzte es. Es würde dann Unternehmen D werden des 84. Pionierbataillons. Dass ich es sofort von dort entfernen würde Standort 250 Meilen südlich des Hauptquartiers des 84. Pionierbataillons 450 Meilen nördlich zu Land, zu Wasser und in der Luft. Mittlerweile war auch das Bataillon dabei von Quy Nohn nach Norden ziehen.

Übernahme des Kommdant

Ich bin mit dem Flugzeug C130 Air Force zur Phan Rhang Air Force Base geflogen. Die letzte Etappe Der Flug erfolgte mit einem Huey-Hubschrauber nach Westen zum Firmencampingplatz Song Pha. Der Hubschrauber verfügte über die Standard-M60-Maschinengewehre und Kanoniere auf jeder Seite. Dem Unternehmen war noch ein weiterer Passagier zugeteilt. Wegen des Lärms war es nicht möglich, sich mit dem Neuen zu unterhalten Mensch und ich habe ihn nie kennengelernt.

Das Firmengelände lag auf einer flachen Ebene am Fuße einer Bergkette. Der Das Gelände war von Stacheldraht und Wachtürmen umgeben. Kurz danach Leute treffen, lernen und die Projekte verstehen lernen und das In diesem Bereich gab es eine Zeremonie zur Übergabe des Kommandos. Der First Sergeant rief an das Unternehmen in die Gründung. Er nahm die Flagge von Kapitän Kropp entgegen, der Kommandierender Offizier und reichte es mir. Ich nahm an, dass es an diesem Punkt war Verantwortung für alles, was in der Einheit passiert ist und was nicht. Er informierte Ich am Gerät und ließ meinen Kopf vor Informationen wirbeln. Ein oder zwei Tage später er ging. Jahre später wurde er zum Generalmajor befördert.

Die Einheit bestand aus 160 Soldaten und drei Leutnants; aber stattdessen, Es gab zwei Leutnants, Don Scholtz und Ken Ament. Sie waren Hervorragend, aufmerksam, fürsorglich und hatte ein ausgezeichnetes Urteilsvermögen. Ebenso der Chef Der Wartungsoffizier des Warrant (CWO 2) war ruhig und energisch und wusste, was er tat tat, und er widmete sich der Mission und seinen Männern sehr. Entschuldigung an ihm und meinem First Sergeant dafür, dass er sich nicht an ihre Namen erinnert. Wir riefen an sie Chief bzw. Top. Chef zu Ehren seiner Expertentätigkeit Wartung, die die Einheit am Laufen hielt, und Top zu Ehren seiner Tätigkeit ranghöchster Unteroffizier (NCO) der Einheit. Wir waren Ich bin froh, so fähige Leute zu haben. Es tat zwar weh, nicht das volle Potenzial zu haben Bei der Besetzung der Leutnants nimmt man, was man hat, und macht dann daraus das Beste davon. Der Mangel an Ressourcen ist keine Entschuldigung dafür, dass die Arbeit nicht erledigt wird.

Die Hauptpriorität lag auf der Sicherheit, dem Abschluss der Projekte, der Unterzeichnung und der Übernahme Verantwortung für die gesamte Ausrüstung und Beginn des Umzugs des Unternehmens. Der Die Ausrüstung bestand aus Planierraupen, Gradern, Kratzern, Muldenkippern und Unterstützung Fahrzeuge, Wartungsgeräte, Gewehre, Maschinengewehre usw Ausrüstung wie vier Maschinengewehre Kaliber 50, Anhänger, Ersatzteile und anderes Artikel. Ohne diese „zusätzlichen" Teile wäre die Mission schwierig gewesen Ausführen.

Kriegsgericht?

Einen Tag nach der Übernahme des Kommandos verließ ein Konvoi das Gelände eine Projektseite. Das Standardverfahren zur Sicherheit bestand aus mindestens zwei Personen Fahrzeuge verlassen jeweils den Konvoi. So, falls etwas passiert Bei einem Fahrzeug kam dann Hilfe bei dem anderen Fahrzeug. Einer der Soldaten in der Einheit freundete sich mit dem neuen Soldaten an, der im Hubschrauber saß mit mir. Sie wollten ein paar Frauen für einen vergnüglichen Nachmittag finden statt zu arbeiten. Also haben sie sich ein Fahrzeug geliehen. Folgte dem Konvoi hinaus das Tor und bog nach links in Richtung Spaß ab, während der Konvoi nach rechts in Richtung Spaß abbog arbeiten. Weiter unten an der Straße gerieten sie in einen Hinterhalt. Der neue Mensch war getötet. Kugeln streiften die Vorder- und Rückseite des Halses des anderen Soldaten.

Die neue Person war so neu in der Einheit, dass es einige Schwierigkeiten gab, sie festzuhalten und seinen Körper positiv identifizieren. Letztendlich war ich zufrieden, dass dies der Fall war erfolgreich durchgeführt worden.

Sein verletzter Begleiter wurde in das Luftwaffenkrankenhaus in Phang Rang gebracht etwa eine Stunde entfernt und ich besuchte ihn. Er war mit zwanzig in einer Station oder mehr Betten. Ich war ungewöhnlich wütend über das, was er getan hatte. Also, Ich sagte ihm, dass ich ihn wegen der Nichtbefolgung von Befehlen vor Gericht stellen sollte und Verfahren, Missbrauch von Regierungseigentum, unerlaubte Abwesenheit, Pflichtverletzung und fahrlässiger Mord (oder ein ähnlicher Begriff).

Allerdings hatte ich keine Zeit, mit der Komplexität anzufangen und sie durchzuziehen eines solchen Kriegsgerichtsverfahrens. Das Unternehmen befand sich noch im 589. Ingenieursjahr Bataillon und ich waren noch im 84. Pionierbataillon. Die Probleme würden Welches Bataillon sollte die juristische Arbeit erledigen? Der 589. war Ich gehe zurück in die USA. Der 84. war in Bewegung. Mir fehlten fähige Offiziere Unteroffiziere und Soldaten. Dies war eine Belastung, die die reduziert hätte Wirksamkeit der Mission.

Also, sagte ich ihm, hoffe ich, dass er sich daran erinnert, dass er jemanden getötet hat. Dass er würde für den Rest seines Lebens mit diesem Gedanken leben. Und das würde er schaffen etwas Nützliches in seinem Leben. Drehte sich um und ging hinaus.

Hat der Soldat erleichtert aufgeatmet? War es ihm egal? Was auch immer passierte zu ihm? Hat er sich später umgebracht, ist er ein Penner geworden oder hat er vielleicht sein Leben verändert? um? Ich weiß es nicht und frage mich immer noch.

Zurück im Unternehmen schrieb ich der Mutter des Unternehmens einen Kondolenzbrief verstorbener Soldat. Sehr geehrte Frau So und So (ich hatte den Namen und nun leider erinnere mich nicht). Es ging ungefähr so: „Dein Sohn war geil." Also, er nahm ohne Genehmigung ein Fahrzeug, befolgte die Vorschriften nicht und Befehle, indem er das Gelände verließ und sich auf den Weg machte, um sich mit ein paar Huren zu vergnügen. Unterwegs wurde er in einem Hinterhalt getötet. Sein Freund wurde dabei verwundet Vorder- und Rückseite seines Nackens.'

Später habe ich es in kleine Stücke zerrissen und den Standard geschrieben: „Ich bedaure, Ihnen mitteilen zu müssen Du...." Was auch immer mit dem Brief passiert ist, ich weiß es nicht. Ich weiß nur das Sein Tod zählte seitdem nicht mehr auf der Opferliste des 84. Pionierbataillons Als sich der Vorfall ereignete, befand sich die Einheit noch nicht im 84.

Seitdem habe ich immer wieder darüber nachgedacht, ob das der richtige Weg ist die Situation gemeistert. Das glaube ich nicht. War das meine Pflichtverletzung? Teil? Vielleicht. Doch selbst heute hätte ich dasselbe getan. Dort Es war einfach zu viel los und das Chaos eines großen Kriegsgerichtsverfahrens wäre vorbei haben die Arbeitsbelastung meiner beiden Leutnants zu sehr gestört, der First Sergeant, einige der Unteroffiziere, ganz zu schweigen vom Anruf Zurück zum ehemaligen Kommandanten Hauptmann Kropp und wer weiß was noch Offiziere im 589. Flugzeug, das in die USA zurückkehrte. Es war eine Entscheidung, die ich getroffen habe darauf ausgerichtet, sich auf das zu konzentrieren, was für einen erfolgreichen Abschluss am besten ist Die Mission wurde also immer noch an das Bataillon weitergegeben kontrollierte die Kompanie und ich ließ sie entscheiden, was zu tun war.

Drogen und Rassenbeziehungen

Wie so vieles im Leben hat man Pläne und Ziele, so viele Dinge zu tun, Aber das Leben passiert und man wird von anderen Ereignissen verzehrt. Mein Plan war es Konzentrieren Sie sich auf die Fertigstellung von Ingenieurprojekten und die Weiterentwicklung des Unternehmens Land, Meer und Luft.

Stattdessen zeigte sich in der Einheit die nachlassende Unterstützung für den Krieg. Achtzig Prozent der Soldaten wurden eingezogen. Sie wollten nicht in Vietnam sein, geschweige denn alleine in der Einheit sein. Ihr Land unterstützte die Bemühungen nicht. Sie waren müde und verwirrt von dem, was geschah. Die Karriere Unteroffizier Die Beamten waren müde und hatten mehrere einjährige Einsätze in Vietnam absolviert. Alle wollten einfach nur nach Hause.

Ich war für die Erfüllung der Mission und die Aufrechterhaltung aller Dinge verantwortlich die Ausrüstung, Prozentsatz der vorhandenen Ersatzteile im Vergleich zu dem, was vorhanden war genehmigt, Wiedereinstellungsrate, Prozentsatz der eingesetzten Soldaten im Vergleich zu autorisiert, Disziplin, Artikel 15 Satz (offizieller Kompaniechef). Disziplin) und die Geschlechtskrankheitsrate (VD). Ich dachte: „Die VD-Rate? Das muss ein Scherz sein. Dafür inspiziere ich nicht die Geschlechtsteile der Soldaten." Als Teenager hörte ich Soldaten aus dem Zweiten Weltkrieg und dem Koreakrieg reden „Kurzarm"-Inspektionen, um die VD-Rate niedrig zu halten. Ich wusste nie, ob das so war wahr; Aber ob wahr oder nicht, ich hatte nicht vor, solche Inspektionen durchzuführen. Obwohl ich es war verantwortlich für alles, was in der Einheit passiert ist und was nicht. Ich das ging immer noch nicht.

Jeden Morgen vor dem Frühstück inspizierte ich das Gelände. Es waren kleine Plastikfläschchen verstreut herumliegen. Was waren das für Dinger? Doch vor dem Morgenformationen auf dem Gelände, Top ließ den Bereich aufräumen und die Fläschchen verschwunden. Jemand erklärte mir, dass die Fläschchen Heroin enthielten. Es war Dann wurde mir klar, warum die Soldaten so abgemagert aussahen. Es kam nicht nur von Überlastung, die auf einen hohen Heroin- oder Marihuanakonsum zurückzuführen war. Also, jeder Morgens zählte ich leere Fläschchen, ohne es jemandem zu sagen. Ungefähr die Hälfte davon 160 Soldaten nahmen irgendeine Art von Droge. Dann habe ich es gemerkt dass etwa ein Viertel der anderen einen Kater hatte, weil sie zu viel getrunken hatten.

Darüber hinaus waren die rassistischen Spannungen in den USA in der Einheit deutlich sichtbar. Die Südstaaten-Weißen hassten die Afroamerikaner. Die Afroamerikaner waren wütend auf die Weißen. Eine Zeit lang gab es nichts Ernstes, nur viel offensichtlicher Spannungen. Spannungen, die irgendwann ernst werden würden.

Der Film „Die zehn Gebote" mit Charlton Heston als Moses in den Sinn kam. Der von Yul Brynner gespielte Pharao war äußerst frustriert mit den Israeliten und Moses. Um die Probleme zu reduzieren, sagte der Pharao: „Beschäftige sie mehr." Also dachte ich, diese Jungs hätten zu viel Zeit. ich habe viel mehr Arbeit für sie zu finden. Auf diese Weise werden sie nur an Folgendes denken: Schlafen, Essen, Arbeiten und Sex. Sie werden keine Zeit für Rennen haben Probleme und Drogenkonsum. Sie werden zu müde sein. Das hat sich immer wieder bewiesen Wahr.

Als sie Zeit hatten, gerieten einige in Schwierigkeiten. Was für eine seltsame Art, einen Krieg zu führen. Mir wurde klar, dass die Nachrichtenmedien, Filme und Fernsehen beeinflussen das Handeln der Menschen und ihren Lebenssinn.

Können wir etwas Unterhaltung bekommen?

Ein paar Unteroffiziere fragten mich, ob sie etwas Unterhaltung für mich bekommen könnten die Soldaten anstelle von Filmen, die gegen ein Bettlaken oder einen anderen projiziert wurden Weiße Tafel, drapiert an der Seite eines Gebäudes. Sie schlugen vor, dass dies der Fall sein würde Seien Sie gut für die Moral, machen Sie Spaß und sie brauchten Live-Unterhaltung. ICH hielten es für eine großartige Idee und sagten ihnen, sie sollten weitermachen.

Am folgenden Abend brachten die Unteroffiziere zehn bis fünfzehn philippinische Frauen mit zu der Show. Die Frauen sangen, tanzten und zeigten mehr, als ich erwartet hatte. Die Soldaten waren begeistert, applaudierten und lachten. Es war das erste Mal das, anstatt düster und müde zu sein und ihre Körper herumzuschleppen, das Sie hatten so viel Enthusiasmus, Freude und Glück gezeigt.

Am nächsten Morgen. Die Afroamerikaner und Weißen gaben ein High-Five gegenseitig. Fröhliche Begrüßung und Unterhaltung. Wow, dachte ich. Hübsch.

Dann stürzten sich fünf wütende Soldaten auf mich. Sie waren empört über das, was geschehen war geschah in der Nacht zuvor, weil die Frauen sich sexuell befriedigt hatten viele Soldaten. Dass es unmoralisch und gegen Gottes Willen war. Sie forderten dass ich etwas dagegen tun sollte.

Etwas zurückversetzt war ich einen Moment verwirrt. Dann sagte ich zu den fünf fundamentalistischen Christen: „Haben Sie letzte Nacht etwas mit den Frauen gemacht?"

Sie sagten: „Nein! Natürlich nicht. Wir verlangen, dass Sie etwas tun."

„Schau dich um. Jeder ist glücklich. Ihr seid die einzigen, die das tun bist wütend und du bist rein, indem du der Versuchung widerstandst. Gott wird glücklich sein mit dir."

Sie antworteten: „Wir werden es dem General sagen."

„Das ist dein Recht." Innerlich seufzte ich. Ein weiteres Problem, mit dem man umgehen muss.

Sie drehten sich um und marschierten verärgert davon, murmelnd und … ich nie noch etwas gehört. Ich fühlte mich wie damals, als einige Leute Abraham Lincoln diesen General erzählten Grant war ein Betrunkener. Der Präsident antwortete, dass er kämpft und Schlachten gewinnt. Finden Sie also heraus, was er trinkt, und schicken Sie ihm von mir eine Kiste davon. Ich dachte, „Mmmm… vielleicht brauchen die Soldaten mehr Shows." Aber nein, ich bin nicht gefolgt Ich habe Lincolns Rat befolgt, solche Shows zu wiederholen.

Für den Rest meiner Zeit als Kommandant habe ich jedoch hatte mit vielen Soldaten informelle Gespräche über die Risiken von Sex mit ihnen Prostituierte. Die Gespräche verliefen freundlich. Normalerweise sagten sie etwas Zum Beispiel: „Sir, wenn wir etwas bekommen, gehen wir einfach zum Arzt (den zugewiesenen Sanitätern). zum Gerät) und machen Sie die Aufnahmen. Da gibt es nichts worüber man sich Sorgen machen müsste." Vielleicht das Diskussionen haben geholfen. Vielleicht haben sie es nicht getan.

Monate später, nach dem Umzug von Song Pha nach Phu Bai, wurde das Bataillon Der Chirurg besuchte die Einheit und überprüfte Gesundheits- und Wohlergehensfragen. Nach Beendigung Er berichtete mir, dass die VD-Rate zufriedenstellend sei. Ich habe mich gefreut, dass ich Dafür würde ich mir keine Ohrfeige holen.

Diese Ereignisse halfen mir zu verstehen, dass der Sexualtrieb und das Bedürfnis danach Der Trost einer zärtlichen und liebevollen Berührung von jemandem ist von grundlegender Bedeutung ein sinnvolles Leben. Menschen werden diese Bedürfnisse auf eine Weise befriedigen, die andere auch tun selbstgefällig verurteilen oder übersehen. Einige werden stillschweigend auf ihre eigene Weise weitermachen ihre Wünsche zu erfüllen und es zu schaffen, gesellschaftliche Zustimmung zu erhalten und dabei zuzustimmen den Feind zu töten und zu verstümmeln.

Vorbereitung zum Umzug

Während das Unternehmen Bauprojekte abschloss, bereitete es sich auch darauf vor Umzug von Song Pha zur Luftwaffenbasis in Phang Rang und dann nach Norden nach Phu Bai.

Also koordinierte ich die Übergabe mit örtlichen vietnamesischen Armeeoffizieren Verbindung. Der Abzug war Teil des allgemeinen Abzugs der US-Streitkräfte von Vietnam und lassen Sie die südvietnamesische Armee den Krieg führen.

Wir inventarisierten die Gebäude und die Wachtürme und gingen dann den Umkreis ab aus Stacheldraht. Diese Gespräche sollten geheim und nur für die Öffentlichkeit zugänglich sein einige vietnamesische Offiziere und meine Einheit. Am Morgen standen die Lastwagen da Die örtliche Bevölkerung stand in einer Reihe zum Abzug bereit und versammelte sich um die Absperrung. In der Zwischenzeit überprüften die vietnamesischen Beamten und ich schnell das Gelände und unterzeichnete die Dokumente zur Übergabe des Geländes an die vietnamesische Armee.

Gerade als wir losfahren wollten, hatte mein Jeep ein mechanisches Problem. Einige Leute schlugen schnell vor, den Jeep auf einen der Tiefladeranhänger zu stellen der von einem Traktor gezogen wurde. Für mich war es ein ziemlicher Anblick, hoch hinaufzufahren wie ein erobernder römischer Generalheld, oder vielleicht sah es einfach nur lächerlich aus. Ich kann mich nicht erinnern, ob ich so gefahren bin oder in einem der Jeeps gefahren bin. Ich denke es war in einem der Fahrzeuge.

Als der lange Konvoi losfuhr, kletterten die örtlichen vietnamesischen Dorfbewohner hinüber und durch den Umfang. Sie begannen, Leuchten, Bretter usw. herauszuziehen alles andere, was sie aus den Gebäuden heraustragen konnten. Ein einsamer Vietnamese Der Beamte rannte herum und versuchte, die Plünderer aufzuhalten.

Der Vietnamkrieg Ich dachte ein paar Sekunden über die Situation nach und kam zu dem Schluss, dass es seine war Problem, nicht meins. Wenn ich anhalten würde, um ihm zu helfen, würde ich damit klarkommen Ein Konvoi, der leicht gestohlen werden kann und zu Kämpfen zwischen den Soldaten und den Soldaten führt Vietnamesische Zivilisten. Also beschloss ich, weiterzumachen. Ich habe nie herausgefunden, was weder dem Gelände noch dem vietnamesischen Offizier passierte etwas. Ein weiteres Rätsel.

Der Konvoi erreichte die provisorische Einrichtung in Phan Rang. Eine Woche später, Ich ging nach Phu Bai, um die Unterkunft, die Rationsbestellung und die Wartung zu überprüfen Bereich, Parkplatz für Grader, Pfannen, Planierraupen, Lastwagen, Jeeps, Traktoren usw Anhänger, Generatoren, sonstige Ausrüstung usw. waren ausreichend. Auch ich überprüfte, ob die Projektladung mit den benötigten Materialien verfügbar war. In inzwischen die beiden herausragenden Leutnants und der Warrant Officer verlegte das Unternehmen etwa vierhundertfünfzig Meilen nach Norden.

1LT Ament schlug vor, dass er vorübergehend Kompaniechef werden sollte Währenddessen wurden über hundert Soldaten zum LST (Landing Ship Tank) transportiert zum LST und dann nach Phu Bai. Der Vorschlag ergab für den Fall, dass er ihn hatte, Sinn mit Disziplinarproblemen umzugehen. Was er glücklicherweise ohne schaffte die Notwendigkeit von Artikel 15. Hier ist seine Geschichte über die Verlegung der Kompanie C, 589 Pionierbataillon wird

Kompanie D, 84. Pionierbataillon und Anschließend verlegte das Unternehmen von Phang Rang nach Phu Bai.

Kapitel 5 - Umzug des Kompanie

Von 1 LT Ken Ament

Etwa im Februar 1971 machten Gerüchte die Runde, dass unsere Einheit (das 589. Bauingenieurbataillon) nach Hause gehen würde. Die Charley Company schloss die Straßenprojekte von Phan Rang nach Dalat (QL 13 – jetzt QL20) ab, und die Arbeiten, die das Bataillon unten im Süden an QL1 durchführte, gingen ebenfalls zu Ende. Wir von der Charley Company hatten einen überraschend guten Auftritt. Trotz gelegentlicher Minen oder Hinterhalte auf unserer Straße waren wir fünfzig Meilen vom Hauptquartier des Bataillons (und all seinen Formalitäten) entfernt, in einer der schönsten Umgebungen, die man sich vorstellen kann. Unsere Einheit war am Fuße des Ngoan-Muc-Passes am Fluss Da Nhim im malerischen kleinen Dorf Song Pha stationiert. Die Straße, die wir gebaut haben, verlief fünfzig Meilen von Phan Rang nach Song Pha und dann eine 30 Meilen lange Strecke den Pass hinauf, mit einer Steigung von 9 %, nach Dalat. Der Ngoan-Muc-Pass war eine der größten technischen Errungenschaften der amerikanischen Kriegsanstrengungen in Vietnam. Also waren wir bereit, nach Hause zu gehen.

Abbildung 35 Ngoan-Muc Pass

Abbildung 34 Durchlassbau in der Nähe von Song Pha

Ich hatte neun der vorgeschriebenen zwölfmonatigen Dienstzeit abgeleistet. So würde ich Ich werde wahrscheinlich früher

rauskommen, als die 589. zurücktrat und ich mit der Arbeit begann Pläne für eine Reise nach Europa, dann Graduiertenstudium. Nicht so schnell, Leutnant!!!! Du gehst nach Phu Bai!!! Präsident Nixon braucht Sie dort. Kapitän Kropp, du hast 11 Monate im Land, du kannst nach Hause gehen (Tony Kropp ging nach Hause, blieb in der Reserve und wurde schließlich zum Generalmajor ernannt. Ivan Beggs kam vom 84. Pionierbataillon, unserem, nach Song Pha neue Einheit, traf alle und machte sich dann mit einer Vorhut auf den Weg nach Phu Bai um unser neues Zuhause vorzubereiten

Abbildung 36 1LT Ament leaving Song Pha

Also 1LT Don Schlotz, Tom Brennan, Bill Krikorian und ich (vier OBV-2). (Verpflichteter oder Freiwilliger mit 2-jährigem Engagement) mit fragwürdigen Einstellungen) begann mit den Vorbereitungen für den Umzug Kompanie Nord. Da ich Dienstalter hatte, Mir wurde die Verantwortung übertragen, obwohl ich es war der jüngste. Der Rest des 589 begannen, Pläne zu schmieden, nach Hause zu gehen (glückliche Bastarde). Ein Major der Gruppe tauchte eines Tages mit Amtsgeheimnis auf Befehle, die uns sagten, dass wir losfahren würden Norden an einem bestimmten Tag. Alter! Danke, wesentlich. Jeder im Dorf weiß es das, aber trotzdem danke.

Eines der größten Probleme, die wir hatten Während dieser Zeit hielt die Truppen besetzt. Zu viel Freizeit und zu wenig Arbeit erlaubten Drogen und Rassenfragen in den Vordergrund rücken. Endlich, drei Wochen später, wir Wir verließen Song Pha zum letzten Mal und fuhren unsere gesamte Ausrüstung mit und Habseligkeiten nach Phan Rang, wo wir uns mit zwei Koreanern treffen sollten LSTs sollen uns nach Norden bringen.

Die Karte zeigt das Einsatzgebiet westlich von Phan Rang gegenüber eine flache Ebene, durch die Berge nach Da Lat. Das Unternehmen zog daraufhin um nördlich nach Phu Bai mit LST. Es lag etwa 50 Meilen nördlich des Bataillons Hauptsitz in Da Nang.

Abbildung 37 Arrows show the company movement from Song Pha and then by LST to Phu Bai

Wir sollten über Nacht in Phan Rang bleiben und am nächsten Tag die LST-Boote beladen Tag. Leider kamen die LSTs mit ein paar Tagen

Abbildung 38 Loading the LST

Verspätung an Unsere ruhelosen Truppen haben noch mehr Zeit für Kämpfe und Drogen. Wir waren so besorgt über die Drogen auf den Booten, die wir den Abgeordneten in Phan Rang gebracht haben um ein paar Deutsche Schäferhunde zu den Docks zu bringen, wo wir waren Einsteigen, teilte die Truppe mit dass es sich dabei um Drogenschnüffeln handelte Hunde (was sie nicht waren), gab den Truppen fünf Minuten Amnestiefrist loszuwerden ihre Drogen in ein paar Mülleimer und bestiegen die Schiffe. Es gab eine Menge Marihuana und Heroin geworfen weg.

Wir verbrachten drei Tage auf dem LSTs, Kampf gegen Seekrankheit und Drogenentzug durch einige der Truppen. Wir fuhren ungefähr in den Hafen ein 30 Meilen von Phu Bai entfernt, gegen 16:00 Uhr. am Nachmittag und im Konvoi unsere Einheit und die gesamte Ausrüstung in unser neues Zuhause in Phu Bai. Wir sind bei der angekommen Baracke gegen 10 Uhr in dieser Nacht. Am nächsten Tag übernahm CPT Ivan Beggs die Einheit Ich war wieder da und freute mich, wieder meiner einfacheren Aufgabe als Erdarbeiter nachgehen zu können Zugführer.

Abbildung 39 Auf der LST von Phan Rang nach Phu Ba

Abbildung 40 Auf dem Weg vom Dock nach Phu Bai

Abbildung 41 1LT Ken Ament denkt über die aktuelle Situation nach, während er den Konvoi leitet. Die allgegenwärtigen Kinder kommen gerne in die Nähe der Fahrzeuge und helfen mit sich selbst zu „Souvenirs"

Organisation der Combat Heavy Engineer Company

Zu diesem Zeitpunkt fragen Sie sich vielleicht, was ein Unternehmen für Kampfschweringenieure macht und ist. Es gibt verschiedene Arten von Pionier, Brücken, Ausrüstungs, Kampf, die die Kampfeinsätze der Divisionen direkt unterstützen, und schwere Kampfunternehmen, die Straßen, Brücken, Flugplätze, Gebäude und große Stützpunkte bauen. Wir waren das spätere Kompanie.

Als wir in Phu Bai ankamen, übernahmen wir auch Unterstützung und Aufsicht über den Steinbruch und ein Spreng-, Ordonnanz- und Sprengkommando (EOD), wodurch die Einheit auf 180 Soldaten anwuchs. Die letzten beiden Abschnitte werden im Organigramm nicht angezeigt.

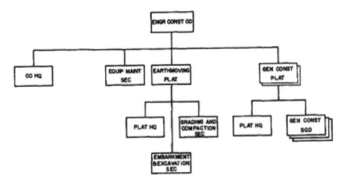

Abbildung 42 Organisation der Combat Heavy Engineer Company

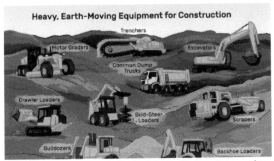

Abbildung 43 Ein ziviles Beispiel für die Ausrüstung der Armee.

Die Ausrüstung bestand aus Gradern, Bulldozern, Frontladern, Erdkratzern, Muldenkippern, Zehn-Tonnen-Traktoren, die Anhänger zogen, und verschiedenen Hilfsgeräten. Ein ziviles Beispiel der erstklassigen Ausrüstung ist im Bild dargestellt.

Abbildung 44 Ken Ament, Red Dirt, Phu Bai, 1971

Abbildung 45 Lastwagen standen Schlange, um Schmutz für Straßenreparatur- und -bauarbeiten zu transportieren

Abbildung 46 Typical asphalt work

Auszeit

Normalerweise arbeiteten wir sechseinhalb Tage die Woche. Sonntagnachmittage waren Freizeit. Schließlich arbeiteten wir nur noch sechs Tage die Woche mit freien Sonntagen. Die meisten Jungs schliefen oder nutzten die Freizeiteinrichtungen der 101st Airmobile Division (The Screaming Eagles). 1LT Schlotz und ich haben uns Zeit genommen um Hue zu besuchen

Abbildung 47 1LT Ken Ament in Hue

Abbildung 48 1LT Don Schlotz in Hue

Kapitel 6 - Die 101. Luftmobildivision

In diesem Kapitel wird die allgemeine Ingenieurunterstützung für das 101. Airmobile beschrieben Aufteilung. Im nächsten Kapitel werden weitere verwandte Aktivitäten erläutert.

Koordinierung

Vor dem Eintreffen der Kompanie habe ich mich mit dem 84. Gefecht koordiniert Schweres Pionierbataillon, das 326. Pionierbataillon (Luftangriff – organisch bis 101.), die Division G3 (Division Operations) und G4 (Division Logistik). Wir einigten uns auf die Projektarbeit, den Standort der Einheit und die Verantwortlichkeiten B. für Sicherheit, Logistik usw. Das einzige große Problem war der Firmenstandort Die Lage war viel zu klein. Nach einigen Diskussionen wurde den G4 das klar Der Fußabdruck des Unternehmens war wesentlich größer als bei seinem Airmobil 326 Pionier-Bataillon-Kompanien. Schließlich einigten wir uns auf einen geeigneten Standort.

Das 84. Pionierbataillon kontrollierte in Absprache mit dem 326. Pionierbataillon, an welchen Projekten gearbeitet werden sollte. Wöchentlich traf ich mich mit beiden Bataillonen Kommandeure. Unternehmen D schloss die Projekte größtenteils ab Zeit und Standard.

Abbildung 49 Der Jeep auf dem direkt mit der Fahrerin des CO, Inge, vor dem Hauptquartier (Mit freundlicher Genehmigung von 1LT Ken Ament)

Ingenieurarbeiten

Die Projekte umfassten Straßeninstandhaltung, Durchlassreparatur und -installation sowie einen Flugplatz Reparatur, Errichtung und Reparatur von Gebäuden, Steinzerkleinerung sowie Sprengstoff Verordnung und Abriss (EOD). Die Kompanie hat die normale Truppenstärke waren 160 Ingenieure. Die Hinzufügung des Steinbruchs und der EOD-Abteilung Dadurch erhöhte sich die Stärke auf 180 Ingenieure, was normalerweise der Fall gewesen wäre 4 Leutnants zugeteilt; Stattdessen hatten wir zwei Leutnants. Der Mangel an 2 Leutnants führten zu einer deutlich höheren Arbeitsbelastung für die beiden Offiziere. An In einem Fall erforderte unsere Projektlast zusätzliche Truppen und so ein anderes Der Zug wurde uns für zwei Wochen zugeteilt. Das brachte unserer Truppe Stärke bis zu 220 Ingenieure ohne den Leutnant Platoon Leader. Einander mal Einer unserer Züge wurde vorübergehend einer anderen Einheit zugeteilt und fiel ab unsere Truppenstärke auf 120, was sich wie ein Urlaub anfühlte, weil es welche gab weniger Soldaten.

Die ständige Veränderung der Truppenstärke, der Projekte und des Personalwechsels in den USA und daheim, die Rate an Geschlechtskrankheiten und das Unendliche Disziplin-, Drogen- und Rassenprobleme machten das Leben interessant. Es war nichts glamourös wie im Kino. Nur eine Menge guter Männer, die ihren Job machen, nicht Wissen, warum das Land sie nicht unterstützt hat, und Wollen und Warten nach Hause gehen. Viele fühlten sich wegen der Gesellschaft ihrer Frauen einsam Freundinnen zu Hause. Bei den meisten herrschte ein überwältigendes Gefühl jeder von: „Interessiert es irgendjemanden?" Hört jemand zu? Wann kann ich gehen zurück zuhause?"

Es war ihnen ein Verdienst, dass trotz all dieser Probleme der allgemeine Kontext von der Krieg und die vielen Auseinandersetzungen und Diskussionen über die Arbeit, die wir geführt haben unsere Jobs und gingen dann glücklich und ruhig nach Hause, wo sich niemand darum kümmerte.

Helikopter-Flugleitung

Das aufwändigste Projekt war die Reparatur der Helikopter-Flugleitung. Der Monsune spülten einen Großteil des darunter liegenden Sandes weg und führten zu diesem Ausweg Stahllochmatten zum Knicken. Um die Matte zu entfernen, ist ein Schneiden erforderlich Fackeln und jede Menge schwere Hammerarbeit. Die Soldaten nahmen einige mit Ich war eine Zeit lang stolz darauf, dass das Schwingen des Vorschlaghammers dem „Großen" ähnelte Bad John"-Lied. Außerdem wurden sie stärker.

Nach dem Entfernen der gebogenen Matte wurde eine ebene Fläche geschaffen und verlegt neue Matte. Das Bild1 stammt aus dem Zweiten Weltkrieg. Beachten Sie die perforierte Matte. Die Flugzeuge stammen aus dem Zweiten Weltkrieg, nicht aus Vietnam.

Abbildung 50 Bei den perforierten Matten aus dem Zweiten Weltkrieg handelte es sich um denselben Typ, der auch im Projekt verwendet wurde, jedoch nicht bei den Flugzeugen aus dem Zweiten Weltkrieg

Ein großer Teil des Unternehmens war an den Arbeiten beteiligt. Ich habe sie darüber informiert Projekt. Auf der Suche nach einer Möglichkeit, das Nachlassen der Einheit zu verhindern, sagte ich untypischerweise: „Das würde funktionieren." hart sein. Unsere schwächeren Schwestern wird nicht mithalten können." Das hat mir nicht gefallen zu sagen noch zu billigen. Noch Es hat den Nerv getroffen, den ich hatte auf der Suche nach. Nicht etwas dass heute akzeptabel wäre.

1LT Ament war verantwortlich für Ich habe das Projekt übernommen und es hervorragend gemacht Aufgabe, den Betrieb aufrechtzuerhalten zusammen. Einmal war ich draußen der Funkreichweite zum und vom Das Bataillonshauptquartier sechzig Meilen und eine Bergkette entfernt. Also hat er es gemacht Eine sehr schwierige Entscheidung, die dafür sorgte, dass das Projekt am Laufen blieb und pünktlich blieb.

Irgendwann nach meiner Rückkehr hatten die Soldaten die Nase voll und weigerten sich arbeiten. Ich versammelte alle und hörte mir ihre Beschwerden an. Der Die Hitze war unerträglich. Die Stahlmatte war heiß zu handhaben. Sie waren durstig und hungrig. Die Stiele des Vorschlaghammers waren kaputt (lieferten Holz). Griffe waren ein logistischer Albtraum. Wer in der Lieferkette könnte glauben ein Unternehmen brauchte so viele Griffe?) Ich sagte ihnen, dass WIR alle die Arbeiten pünktlich abschließen müssen. Wir können Arbeiten Sie bei Bedarf nachts, um das Hitzeproblem zu reduzieren. Oder wir können mitarbeiten Machen Sie am frühen Morgen eine Pause und arbeiten Sie dann bis zum späten Nachmittag Abend. Oder eine andere Kombination. Das Projekt nicht zu Ende zu bringen, war kein Problem Möglichkeit. Nach vielen Beschwerden und Diskussionen über Lichter in der Nacht mit Nachdem die Generatoren in Betrieb waren, beschlossen sie als Gruppe plötzlich, dass sie sie behalten würden tagsüber arbeiten.

Ich stimmte zu, ihnen mehr Wasser und Futter zu besorgen. Das Wasser war der einfache Teil. Aber Ich hatte keine Ahnung, wie ich an mehr Rationen kommen sollte. Das schlug der Kassierer vor Es gab etwas in den Vorschriften, das helfen könnte. Mit der Rechten bewaffnet Verordnung, Absatz und Zeilennummern traf ich die Abteilung G-4. (Leiter von Abteilung Logistik) Zuerst war er erstaunt, dass ich mehr verlangte Verpflegung. Er sagte, dass seine Soldaten härtere Arbeit leisten und diese Art von Arbeit nicht bekommen Rationsunterstützung. Ich erklärte ihm, wie schwer es sei, ununterbrochen mit ihm zu arbeiten die Vorschlaghämmer in der heißen Sonne und auch die manuelle Handhabung des heißen Stahls Mattieren mit Handschuhen. Dann zeigte er ihm die Verordnung, die zusätzliche Genehmigungen erteilte Rationen für die Bedingungen, denen mein Unternehmen ausgesetzt war. Widerwillig und doch erleichtert Er hatte eine Grundlage, um die Entscheidung zu treffen, also stimmte er zu.

Der Küchenunteroffizier beschaffte schnell ausreichend Verpflegung für den Einsatz. Da er außerdem ein einfallsreicher Mensch war, backte er den Soldaten schnell Snacks daran gearbeitet, das Projekt fertigzustellen.

Allerdings waren die Unteroffiziere sauer auf mich. Sie betonten nachdrücklich, dass ich es tun sollte nicht zugelassen haben, dass die Soldaten die Arbeit verweigerten. Das hätte ich sagen sollen Sie sollen aufhören, sich zu beschweren, wieder an die Arbeit gehen und ihre Arbeit erledigen. Das ist nicht ziviles Leben. Das ist die Armee, und sie sagte mir energisch: „Du bist dabei." angreifen, nicht sie!"

Ich antwortete: „Ja, das hätte ich tun können. Dann würde ich pushen Ihr müsst eure Soldaten dazu drängen, weiter zu arbeiten. Das wäre weitergegangen für Tage und Tage. Jetzt arbeiten sie alle bereitwillig. Du hast nicht um sie zu drängen, und ich muss dich nicht den ganzen Tag dazu drängen, sie zu drängen mindestens noch eine Woche."

Diese Antwort gefiel ihnen nicht; Dennoch akzeptierten sie es widerwillig im Vergleich zu Die Alternative wäre gewesen, dass ich auf sie eingeschlagen hätte, und das hätten sie getan wurden gezwungen, hungrige und durstige Truppen zu harter Arbeit in der heißen Sonne zu zwingen.

Drogen

Drogen waren ein großes Problem. Meine grobe Schätzung unter Annahme von Befehl war, dass wahrscheinlich fünfzig Prozent oder mehr des Unternehmens es nutzten Heroin. Jeden Morgen ging ich um das Gelände herum und zählte die kleine leere Fläschchen in Daumengröße. Man nehme diese Zählung und dividiere durch 180 Soldaten gab zeitweise eine Schätzung von 50 bis 80 % ab. Als ich das Kommandant verließ, war es velleicht 30 Prozent. Es wäre schön zu glauben, dass meine Handlungen dazu beigetragen haben der Rückgang. Vielleicht war es so; vielleicht nicht. Höchstwahrscheinlich ist der Rückgang eingetreten weil die Soldaten rotierend die Einheit verließen und in die USA zurückkehrten.

Ungefähr einmal in der Woche würde jemand eine Überdosis nehmen. Medivac transportierte die Soldaten zur Entgiftung in ein Krankenhaus. Dann, ein oder zwei Wochen später, würden sie es tun Sie kommen ausgezehrt, abgenutzt, dünn und mit gräulich aussehender Haut zurück. Häufig Bei Morgenformationen hielt ich einen kurzen Vortrag über die Schadensmedikamente dem Körper angetan.

Ich unterhielt mich auch informell mit kleinen Gruppen von Soldaten über verschiedene Projekte Websites, die die Probleme mit Drogenkonsum, Sex mit Prostituierten usw. erwähnen Hören Sie sich ihre Bedenken darüber an, warum die USA in Vietnam waren, als die Nachrichtenmedien und Briefe aus der Heimat sagten wahrscheinlich, dass das Land unterstützte den Krieg nicht.

Da ich eines Morgens nicht wusste, was ich sonst noch tun sollte, um dem Drogenkonsum entgegenzuwirken, zog einen der Soldaten, der gerade aus der Drogenentwöhnung zurückgekehrt war aus der Morgenformation. Stellen Sie ihn vor das gesamte Unternehmen. Ich sagte allen: „Seht ihn euch an. Schaue ihn an. Er sieht aus wie ein Skelett. Sein Die Haut sieht krank aus. Er kann nicht aufrecht stehen. Dennoch wird er mit arbeiten Du. Sie werden sich bei der Arbeit auf ihn verlassen und im Falle eines Angriffs auf Sie wird sich bei der Verteidigung auf ihn verlassen. Das ist gefährlich für Sie, seine Freunde, und sich selbst. Das passiert, wenn man Drogen nimmt. Wenn du nicht willst Um wie er auszusehen, nimm keine Drogen."

Niemandem gefiel, was ich sagte. Mehrere der Soldaten beschwerten sich bei mir, dass ich hat den Kerl gedemütigt und hätte das nicht tun sollen.

Ich antwortete, wenn Sie bessere Vorschläge zur Reduzierung des Drogenkonsums haben, helfen Sie dem Wenn Ihr Unternehmen bessere Leistungen erbringt und mehr von uns gesund bleibt, lassen Sie es mich bitte wissen. Sie antworteten, dass sie sich beim Generalinspekteur beschweren würden Bataillonskommandeur.

Ich sagte, es ist Ihr Recht, dies zu tun. Lassen Sie mich in der Zwischenzeit wissen, wie es geht Helfen Sie Ihnen und allen, den Drogenkonsum zu überwinden. Es ist nicht gesund für dich persönlich und es ist nicht sicher für die Einheit.

Einige der Unteroffiziere und einige der wohlmeinenden Soldaten fragten, warum nicht sie vor ein Kriegsgericht stellen?

Meine Antwort war, wenn ich auch nur ein Viertel der Soldaten vor ein Kriegsgericht stellen würde Drogenkonsum und dann entließ die Armee sie aus dem Dienst, das würde passieren Es wird mehr Menschen geben, die Drogen konsumieren, in der Hoffnung, aus

Vietnam herauszukommen früher. Da die Arbeit jedoch erledigt werden muss, hätten wir weniger Soldaten und das hätte für alle anderen mehr Arbeit geschaffen. Ich war nicht einmal Ich war besorgt darüber, wie das in meinem Effizienzbericht aussehen würde.

Vielleicht haben meine Vorträge und solche Aktionen einigen geholfen, sich von den Drogen fernzuhalten und andere aufzuhören. Ich habe keine Ahnung. Es ist eines dieser ungelösten Rätsel. Was ist mit diesen Soldaten passiert? Sind sie zurück in die USA gegangen und haben etwas geschaffen? glückliches, produktives Leben? Sind sie zurückgekehrt und von Job zu Job gewandert? oder Arbeitslosenunterstützung bekommen und in irgendeiner Hintergasse verkümmern oder Zuhause der Heilsarmee? Sind sie aufgrund gesundheitlicher Komplikationen früh gestorben? durch Drogenkonsum? Ich werde niemals erfahren.

Einerseits habe ich mich um jeden einzelnen dieser Typen gekümmert. Doch andererseits Andererseits war ich fest davon überzeugt, dass wir die Projekte pünktlich und abschließen würden auf Standard. Es fällt mir leicht, mich darüber zu ärgern, was ich hätte tun können anders. Aber dafür wollte ich keine Zeit aufwenden.

Rassenprobleme

Die Frage der Rassenbeziehungen war ein weitaus größeres Problem als die Situation des Drogenkonsums. Bei einem hochemotionalen Vorfall handelte es sich um einen Afrikaner Ein amerikanischer Soldat griff einen weißen Soldaten an, wobei sein Bleirohr zerbrach Schädel. Der Grund dafür ist längst vergessen. Aufgrund seiner Verletzungen Soldat wurde in Japan ins Krankenhaus eingeliefert. Infolgedessen einige der Weißen wollte „die N----s holen." Die afroamerikanischen Soldaten waren ruhig und sich auf etwas vorbereiten. Später in dieser Nacht beruhigte sich alles.

Oder besser gesagt, alle waren einfach zu müde, um sich noch darum zu kümmern. Ich habe mich darauf festgelegt einen ruhigen Schlaf neben meinem Feldtelefon. Es war ungeschickt und ungefähr so groß eines Quart-Milchbehälters. Um einen Anruf zu tätigen, drehte man die Kurbel. Es wurde eine gesendet elektrisches Signal über ein Festnetz an den Telefonzentralenbetreiber weiterleiten, der dies tun würde eine Verbindung zu demjenigen herstellen, mit dem ich sprechen wollte.

In dieser Nacht klingelte das Feldtelefon, ich schlief fast in Frieden. Benommen, ich nahm den Hörer ab.

Eine verzweifelte Stimme quietschte: „Sir! Du musst jetzt hier runter!! Dort wird ein Problem sein."

Ich dachte: „Scheiße. Genug. Ich will einfach nur schlafen gehen. Wann endet das?"

Nachdem ich meine Stiefel angezogen hatte, trottete ich wie ein Betrunkener zum Hauptquartier. Auf dem Weg Ich wünschte, ich hätte ein paar Drinks getrunken. Erschöpft schleppte ich mich in die Ordonnanz Zimmer. Es brannte ein Licht. Ich dachte: „Vielleicht sollte dieses Licht nicht sein. Oder ist es zu hell? Ich bin im Moment einfach zu müde, um mich darum zu kümmern."

Der Angestellte sagte: „Tut mir leid, Sir. Ich dachte, es würde etwas passieren. Es ist jetzt ist alles ruhig. Es schien, als würde es Ärger geben. Wirklich, Sir, es tut mir leid."

"Das ist ok. Du hast das Richtige getan. Es ist besser, das zu tun, als nicht anzurufen und dann es gibt Ärger. Du hast das Richtige getan. Danke schön."

Mit einem tiefen Gefühl der Erleichterung ging ich nach draußen in die milde, angenehme Luft. Was für eine Erleichterung. Ich blickte zum schwarzen Himmel voller Juwelen auf. In einem Moment Voller Träumerei dachte ich: „Gibt es da draußen Kreaturen, die einen Krieg führen?" Das? Könnten sie etwas Dummes tun?"

In diesem Augenblick, in kürzerer Zeit, als ein Elektron braucht, um um ein zu sausen Aus dem Kern stürmten zehn oder fünfzehn wütende weiße Südstaatensoldaten hervor der Dunkelheit wie eine defensive Fußballmannschaft, die den Quarterback angreift. Ich dachte: „Ah Scheiße. Was jetzt?"

Sie hatten Keulen, Stöcke und vielleicht Eisenstangen. Ihre Gesichter wurden rot mit Wut und Getränken. Sie schrien: „Die kriegen wir, verdammt!" verdammt n.... S."

Ich schrie: „Stopp!"

Sie schrien mich an: „Wir holen uns diese verdammten Ns ..." Ich tu nicht Denken Sie daran, wie oft sie das sagen. Sie riefen andere Worte als ich längst vergessen.

Dann spürte ich etwas hinter mir. Ein Auge auf die weißen Soldaten haben, Ich drehte meinen Kopf, mit fast der gleichen Bewegung wie eine Eule komplett rückwärts, um zu sehen, was sich hinter mir befand. Im Dickicht kohlenartig Dunkelheit, da war etwas. Vage nahm ich zehn oder fünfzehn Afrikaner wahr Amerikanische Soldaten, die mit der Dunkelheit verschmolzen. Sie waren dazu bereit Taekwondo, eine koreanische Kampfsportart, bei der nur die Hände eingesetzt werden, Beine und Körper. Sie waren bereit, gegen die vollgetankten Jungs aus dem Süden zu kämpfen. Sie waren ruhig. Sie waren bereit und nüchtern. Sie waren konzentriert und konzentriert

Plötzlich hatte ich das Gefühl, als wäre ich in drei Teile gespalten. Ein Teil von mir schwebte über der Situation und betrachtete ruhig und kühl die ganze Szene. beschreiben, was los war. Vor mir standen betrunkene Typen Stöcke und Keulen. Hinter mir standen Afroamerikaner, die bereit waren Taekwondo machen. Ich war mittendrin und habe mit den Betrunkenen gestritten Ich dachte: „Wie argumentiert man mit Betrunkenen?" Ich bin froh, dass sie es nicht tun haben ihre Gewehre."

Der zweite Teil von mir stritt weiter mit den betrunkenen Soldaten.

Der dritte Teil von mir hatte das Gefühl, als säße ein kleiner Kobold auf mir linke Schulter kichert.

Die weißen Betrunkenen schrien: „Geht uns aus dem Weg. Du kommst bei uns nicht raus Weg; wir werden dich töten.

" Der kleine Kobold kicherte weiter und sagte zu mir: „Benimm dich wie Barney Fife, wenn Die beiden großen Idioten wollten ihn verprügeln." Dies bezieht sich auf eine Episode aus der alten

Fernsehserie „The Andy Griffith Show", in der es um zwei große Idioten geht stieg aus dem Auto und bedrohte Barney. Er sagte ihnen, wofür er steht mehr als er selbst. „Wenn du mich verletzt, wird das Gesetz dich finden und du wirst es sein in großen Schwierigkeiten."

Also folgte ich dem Rat des Kobolds und paraphrasierte die Worte von Barney Fife, allerdings ohne die quietschende, zittrige Stimme und die lustigen Possen. Ich sagte zu den Betrunkenen: „Wenn du mich tötest, du weißt, was passieren wird. Die ganze Welt wird zusammenbrechen Du. Einer von euch wird den Rest von euch verraten und ihr werdet dafür im Gefängnis landen Rest deines Lebens. Wenn du mich verletzt, kenne ich JEDEN deiner Namen. Der Die Welt wird über dir zusammenbrechen. Tun Sie nichts, was dumm sein könnte."

Dann sagte der kühle, schwebende Teil von mir: „Wo zum Teufel ist irgendjemand?" um mir zu helfen?"

Der kleine grün gekleidete Kobold war auf meine rechte Schulter gewechselt. Kichernd flüsterte er: „Du wirst dafür nicht genug bezahlt!" Hihi. Hihi. Hihi. Dafür wird dir nicht genug bezahlt."

Plötzlich erschienen zwei große King-Kong-ähnliche Sergeants. Der weiße Sergeant kam hinter den Weißen hervor. Er häutet seine riesigen Arme und schlägt auf die Soldaten. Er schrie sie an: „Ihr verdammten Idioten. Verschwinde verdammt noch mal Hier! Raus hier."

Der afroamerikanische Sergeant trat hinter dem Afroamerikaner hervor Jungs. Auch er häutete seine massiven, muskulösen Arme und schrie: „Du Verdammter! Verdammt, n.....wir verschwinden hier."

Als ob der Kobold einen Zauberstab schwenkte, die betrunkenen weißen Soldaten und die Taekwondo-bereiten afroamerikanischen Soldaten verschwanden. Ich stand allein in der ohrenbetäubenden Stille. Die Sterne funkelten oben, als ob nichts geschehen wäre passiert. Eine sanfte, sanfte, kühle Brise wehte. Ich stand allein und fühlte niemanden kümmerte sich um mich. Dennoch hatte ich das Gefühl, dass ich einen Job zu erledigen hatte und diesen auch erledigen würde.

Ein paar der weißen Soldaten kamen zu mir zurück. Sie fragten: „Bist du? Wirst du uns etwas antun?"

Ich antwortete: „Geh einfach ins Bett. Raus hier." Dann dachte ich: „Vielleicht habe ich etwas Dummes getan." Wir alle könnten es haben etwas Dummes getan."

Ein paar Tage später flog der Bataillonskommandeur, Oberstleutnant Remus, ein per Helikopter. Ich habe ihm die Projekte gezeigt. Er war zufrieden. Dann genau wie er Als er gerade den Hubschrauber besteigen wollte, drehte er sich zu mir um. Er sagte: „Das solltest du haben mir von dem Vorfall erzählt."

Ich antwortete: „Sir, wenn ich Ihnen davon erzählt hätte, hätten Sie es gewollt Untersuchung. Das würde Ihre Zeit binden, einige Ihrer Mitarbeiter, meine Soldaten, und meine Zeit. Ich habe das Problem gelöst. So konnten wir alle weitermachen Die Arbeit erledigt."

Er hielt einen Moment inne und nickte. Dann bestieg ich das Flugzeug. Alle Wir haben die Missionen weiterhin pünktlich und normgerecht erledigt.

Rüsten Sie eine mechanisierte Infanterieeinheit nach!

Die Kompanie arbeitete wie üblich an der Reparatur von Straßen, Durchlässen, Flugplätzen usw andere technische Projekte, als wir bemerkten, dass Panzer, APCs, Lastwagen, Hubschrauber und Flugzeuge flogen nach Westen. Es fühlte sich an wie ein Heuschreckenschwarm hat sich bewegt. Ohne zu wissen, was geschah, machte das Unternehmen weiter arbeitete und fragte mich, was los war. Später verbreitete sich die Nachricht die Invasion von Laos hatte begonnen.

Am Ende der Invasion wies das höhere Hauptquartier meine Einheit zur Nachrüstung an eine mechanisierte Infanterieeinheit. Also hatte ich mehrere Gespräche mit dem 101. und erklärte die Fähigkeiten meiner technischen Einheit. Dass es Aufgaben gab, die meine Einheit war nicht in der Lage, diese bereitzustellen. Schließlich kamen wir überein, dass Unternehmen D würde bei Bedarf für Chaos, Kleidung, Unterhaltung und andere Hilfe sorgen zum Hauptquartier des mechanisierten Infanteriebataillons.

Die Uniformen der Infanteriesoldaten waren zerrissen, schmutzig und wirkten fast zerrissen herunterfallen. Eine weitere Einheit rüstete die Infanterieausrüstung und -bewaffnung um. Die Infanteriesoldaten waren erschöpft und wütend über den Weg in den Süden Die Vietnamesen kämpften. Zu meinem Glück haben sich ihre Beamten direkt darum gekümmert Ich habe mich um die Probleme zwischen den beiden Einheiten gekümmert.

Barbershop-Quartett

Die 101. Airmobile Division sorgte für abwechslungsreiche Abendunterhaltung Unterstützung wie Filme und Live-Shows. Also hat sich jemand Filme ausgeliehen und ein Reel-to-Reel-Projektor. Die Unteroffiziere richteten draußen einen Bereich ein, um das zu sehen Filme, die an der Seite eines Gebäudes oder einer Wand gezeigt werden. Der Bildschirm war zehn mal groß Eine fünfzehn Fuß hohe Wand, weiß gestrichen oder mit Laken drapiert. Ich bemerkte, dass Filme über Liebe und Heimat machten viele Soldaten traurig, mürrisch und einige hätte fast angefangen zu kämpfen. Sie mochten Komödien und Kriegsfilme.

Von Zeit zu Zeit organisierte das 101. eine große Show für mehrere Tausend Soldaten. Professionelle Entertainer sangen verschiedene Lieder und erzählten Witze. Das Publikum war überaus erfreut, applaudierte, schrie und wollte mehr. Einmal zeigte eine der Entertainerinnen die zahlreichen Möglichkeiten des Rauchens von Zigaretten. Sie zog ihre Kleidung aus und ließ die Zigarette glühen hell aus ihrer Vagina. Das Publikum applaudierte, rief Zustimmung und waren gelinde gesagt erstaunt und erfreut. Einige der religiösen Soldaten waren angewidert und hatten das Gefühl, dass das nicht gemacht werden sollte, geschweige denn daraus eine Show gemacht werden sollte. Allerdings dachte ich: „Es ist in Ordnung, Menschen zu töten, aber nicht, dabei zuzuschauen." Raucht diese Tänzerin eine Zigarette aus ihrer Vagina?" Seitdem habe ich mich gefragt wenn sie Vaginalkrebs hat.

Abbildung 51 Was ich mir von dem Quartett vorgestellt hatte.

Kurz nach dem Eintreffen der mechanisierten Infanterieeinheit informierte mich die 101. Einheit dass die Unterhaltung an diesem Abend für die Ingenieure und die Mechanisierten war Infanteriesoldaten wären ein Barbershop-Quartett. Ich stellte mir eine Gruppe von Männern vor mit Schnurrbärten, Strohhüten und langärmligen weißen Hemden, die die Standarte singen Barbershop-Lieder aus dem späten 19. Jahrhundert.[90] Ich dachte, was für geile GIs das interessieren würde darin.

Als die Gruppe jedoch in meinem Kompanie auftauchte, waren sie da zwanzigjährige weiße Amerikanerinnen, gekleidet in kurze Shorts und knapp Spitzen.[91] Mein Herz sank und mein ganzer Körper fühlte: „Ah, Mist. Wer hat das geschickt? Was haben sie nachgedacht? Das wird ein Problem sein."

Abbildung 52 Stattdessen sechs Friseurinnen-Quartetts wie auf diesem Bild.

Also unterhielt ich mich mit der Leiterin und bat sie, nicht zu singen: „Jesus liebt das." Kleine Kinder, und ich möchte nach Hause. Meine Sorge war, dass die Gefühle Wenn man es einsamen Soldaten überbringt, bekommt man Heimweh und vielleicht sogar Weinen; und möglicherweise würden sie kämpfen, um nicht in Verlegenheit zu geraten. Oder sie würden es tun wütend sein, dass sie in Vietnam waren, obwohl sich zu Hause niemand um sie kümmerte, also würden sie depressiv werden und kämpfen.

Glücklicherweise besuchten nicht alle die Show. Es waren etwa zweihundert Soldaten am Anfang. Andere kamen später und standen

---

[90] https://commons.wikimedia.org/wiki/File:Dapper_Dans_(28382069095).jpg
[91] Not sure of the location of the picture.

gespannt da Sehen Sie die ersten weißen Mädchen mit runden Augen seit einem halben Jahr oder länger. Sie wurden gelangweilt und unruhig wegen des alten Gesangs und schenkte ihm mehr Aufmerksamkeit wohlgeformte Beine. Einige begannen zu murmeln und zu rufen: „Zieh es aus." Zieh es aus."

Das Quartett sang dann, was ich von ihnen verlangte, nicht zu singen: *„Jesus Lieben die kleinen. Kinders"*, und *„Ich möchte nach Heim gehen."* Einige Soldaten hatten Mühe, sich zurückzuhalten Tränen. Andere begannen Schlägereien. Ich wurde nervös, dass es zweihundert sein würden Infanterie und Pioniere stritten sich und weinten. Irgendwie sind die Unteroffiziere von beiden Einzelne Einheiten lösten die Kämpfe schnell auf und zerstreuten das Publikum.

Der Anführer des Quartetts war wütend auf mich. Sie sagte, sie würde es dem sagen Allgemein, dass das Publikum ihre Frauen beleidigt und schlecht behandelt habe.

Ich antwortete: „Ich habe dich gebeten, diese beiden Lieder, die diese Jungs gemacht haben, nicht zu singen Heimweh. Dass die Infanterie-Jungs gerade von einer harten Operation zurückgekehrt waren hungrig, müde und mit heruntergefallenen Uniformen. Und das waren sie Zum ersten Mal seit Monaten sah ich junge, attraktive weiße Frauen aus der Nähe. Dann ließen Sie sie *„Jesus Lieben die kleinen. Kinders"*, und *„Ich möchte nach Heim gehen."*. Das war zu viel für sie. Was hast du erwartet? Das waren sie Willst du glücklich und klatschen?

Wütend rannte sie davon. Von der 101. Division habe ich nie etwas gehört. In den nächsten Jahrzehnten habe ich mich von Zeit zu Zeit gefragt, was passiert ist diese lieben Frauen. Und ich fragte mich, was die Person wohl haben wollte ein spärlich bekleidetes Barbershop-Quartett, das den Soldaten vorsingt, die von einem zurückkommen schwierige Operation. Es hat nicht geholfen, dass sie während der USA in Vietnam waren Die Bevölkerung zu Hause kümmerte sich nicht um sie_

Wartung der Ausrüstung.

Als ich zwei Jahre vor meiner Vietnam-Tour zum ersten Mal im aktiven Dienst war als 2LT, 1LT Bob Holyfield und dann CPT Roger T. Heiman und LTCs Guthrie, Thayer und Remus lehrten mich, wie wichtig es ist Wartung der Ausrüstung. Diese banalen, langweiligen Lektionen dauerten für den Rest meines Lebens. Sie betonten nachdrücklich, dass eine Einheit gut gewartet werden müsse kann alles im Rahmen seiner Möglichkeiten tun. Ohne gute Wartung Einheit ist wertlos. Die Erfüllung der Mission wird scheitern.

Folglich jeden Morgen alle – alle – auch die Angestellten und der Kaplan – kümmerte sich um die Wartung der Ausrüstung. Überprüfen Sie Öl, Fett, Wasser, Reifen, Rost, Fahrtenbücher, Messgeräte, Ketten, Riemen, Hydraulikflüssigkeiten, Kraftstoffstand, lose Schrauben, Getriebeöl, Leckagen und Geräusche. Gehen Sie unter das Fahrzeug. Öffnen Sie die Motorhaube und schauen Sie sich den Motor an. Gehen Sie um das Fahrzeug herum. Schaue auf die Reifen, Karosserie, Verdeck, Glas, Sitze – alles rund um das Fahrzeug.

Bei den Fahrzeugen handelte es sich um Bulldozer, Grader, Scraper, Schaufellader und Wackelfahrzeuge Radrollen, Stahlradrollen, Wasserfahrzeuge, Tankwagen, Jeeps, drei Vierteltonnen-Lkw, Zweieinhalb-Tonnen-Lkw, Muldenkipper, Betonfahrzeuge, Zehn-Tonnen-Traktoren, Anhänger, Generatoren, ein Steinbrecher und eine Vielzahl von Kommunikationsgeräten. Langweilige Aufgaben. Alle außer dem Chief Warrant Der Wartungsoffizier hat es gehasst. Aber jeder hat es geschafft.

Um ein ehemaliges Motto der Post zu paraphrasieren: „Weder Regen, noch Graupel, noch Hagel, Weder Hitze noch Kälte können die Wartung der Geräte beeinträchtigen." Steigen Sie ein in die Ausrüstung, auf der Ausrüstung, unter der Ausrüstung. Keine Ausreden. Erste Aktivität. Jeden Tag. Tag für Tag. Tag für Tag. Es blieb für den Rest meines Lebens bei mir, einschließlich körperlicher und finanzieller Fitness an fünf Tagen in der Woche.

Das war langweilige Arbeit. Es war einfacher, Ausreden dafür zu finden, dass das Projekt funktionierte verlangte, die Ausrüstung schnell in Bewegung zu setzen, anstatt zwanzig zu verschwenden Minuten für die Gerätewartung. Soldaten würden Abkürzungen versuchen oder Gründe, nicht zur Wartungszeit zu erscheinen. Dies traf insbesondere auf zu Regen, nasser Boden und sogar morgens Hitze. Die Bauernjungen instinktiv habe die Wartung gemacht. Als Gruppe traten die Wehrpflichtigen jedoch widerwillig auf ihre Pflichten und brauchte normalerweise Ermutigung.

Es gab immer mehrere Soldaten, die Wege fanden, ein Wartungsproblem zu schaffen, um viel Arbeit zu vermeiden. Einige würden „versehentlich" Kapitel 6: Die 101. Airmobile Div 89 Lösen Sie eine Schraube, damit Flüssigkeit heraustropfen kann. Führen Sie ein Fahrzeug, während Sie fahren Kupplung und brennt dadurch die Kupplung aus. Behaupten Sie, dass etwas Arbeit erfordert als es wirklich nicht der Fall war. Der Warrant Officer mit seiner großen Erfahrung hatte Möglichkeiten, diese widerspenstigen Soldaten zu minimieren. Der Chef, statt zu lassen Sie haben Freizeit oder eine einfache Zeit, mit der sie stattdessen arbeiten können die Mechaniker, die das Fahrzeug reparieren. Das bedeutete einfach, schmutzig und fettig zu werden wie die Mechanik. Ein zusätzlicher Vorteil war, dass die Betreiber letztendlich davon profitierten etwas Wertschätzung für die Wartung.

Auch ohne konsequente tägliche Wartung ist die über zwanzig Jahre alte Welt Bei einem Projekt fielen alte Geräte aus dem Zweiten Weltkrieg und dem Koreakrieg aus Standort oder Straße. Dazu müsste ein Wartungssoldat abgezogen werden ein Job und die Suche nach einem Fahrzeug, um das kaputte Fahrzeug vor Ort zu bergen oder zu reparieren.

Der Chief (alle Warrant Officers wurden Chief genannt) war das Kraftpaket, Mentor, Disziplinarist und ein entscheidender Teil der gesamten Wartung und Reparaturprogramm. Jeder einzelne, den ich im Bereich Wartung und Personal getroffen habe war erstklassig.

Ich habe ihren Kommentaren, Beschwerden, ihrem Ärger aufmerksam zugehört, und Ratschläge. Leider kann ich mich nicht an ihre Namen erinnern, weil sie alle dabei waren der Name „Chef". Wenn es möglich wäre, jeden Chief Warrant Officer zu finden mit denen ich gesprochen habe, ich würde ihnen für alles danken, was sie getan haben, und ganz besonders die Betreuung von Beamten, die zuhören würden. Ich habe immer ihren Rat eingeholt. Im Gegenzug sie und der Firmenchef Insbesondere zögerte er nicht, mir Ratschläge zu geben, mich zu beraten und manchmal Werde wütend auf mich. Ohne ihre Arbeit und ihren Rat würde die Einheit nicht funktionieren funktionsfähig gewesen sein, denn eine Einheit ist nicht besser als die Wartung von die Ausrüstung.

Wenn das Ausrüstung unterstützt wird, kann das Ausrüstung funktionieren. Wenn die Ausrüstung nicht gewartet wird, kann das Gerät nicht funktionieren. Wie bei jeder Organisation war die Arbeit erst mit dem Papierkram erledigt wurde abgeschlossen. Nur wenige erledigten gerne den richtigen Papierkram. Dennoch war es lebenswichtig für Die Bediener müssen die verschiedenen Probleme mit der Ausrüstung auflisten. Der Chef und Die Mechaniker würden das während der routinemäßigen Wartung überprüfen Logbücher für die Bedienerkommentare. Manchmal waren die Kommentare nützlich. Zu anderen Zeiten war das nicht der Fall.

Die Nachfrage nach Ersatzteilen war sehr hoch. Es gab also immer ein riesiges Anzahl der bestellten Teile. Allerdings kann es Tage, Wochen usw. dauern, bis die Teile fertig sind 90 Der Vietnamkrieg Monate bis zur Ankunft. Was für einen Baubetrieb, geschweige denn in, was für ein war Ewigkeit. Es war einfach nicht akzeptabel. Wenn sich also die Vorgesetzten darüber beschwerten Meine Projekte lagen hinter dem Zeitplan, es war für Chief immer noch nicht akzeptabel Ich muss sagen, dass die Teile bestellt waren. Doch wir wussten beide, dass ohne Teile Die Mission wurde nicht durchgeführt. Mit meinem Einverständnis machte er sich auf den Weg zwei bis drei LKW-Ladungen Ersatzteile. Ich habe nicht gefragt, wo und wie er Habe diese Teile bekommen. Jahrzehnte später bin ich ihm immer noch dankbar.

Der Wartungsoffizier des Bataillons würde angekündigte und unangekündigte Wartungsinspektionen durchführen. Da wir sechzig Meilen vom Hauptquartier entfernt waren, Jemand würde mich ein paar Stunden vorher über den unangekündigten Besuch informieren von Zeit. Sie wollten wahrscheinlich sicherstellen, dass mein Warrant Officer und Ich wäre anwesend. Zu unserem Glück ermöglichte dies dem Chef, schnell zu reagieren Kontrollieren Sie die nicht zugelassenen Teile und lagern Sie sie in einem Ersatzanhänger oder einer Spedition Container. Ein Fahrer würde das Fahrzeug mitnehmen. Nach dem Bataillon Der Wartungsoffizier ging, das Fahrzeug kam zurück und der Chef ging läuft im Normalbetrieb weiter.

Irgendwie wurde es jedoch vom S-3, Bataillon-Einsatzoffizier (ein Major), gefunden Informieren Sie sich über die zusätzlichen Teile. Bei einem Besuch wurde er völlig außer sich und sagte es hitzig Mich. „Diese Teile sind nicht autorisiert. Das Einsammeln dieser Teile ist hinderlich die Missionen anderer Einheiten in Vietnam. Du verlangsamst das Ganze den technischen Aufwand durch das Horten dieser Teile. Gib diese Teile ab!"

Er weigerte sich, irgendeiner meiner Aussagen darüber zuzustimmen, wie wir vorgingen half ihm, die Projekte pünktlich fertigzustellen. Stattdessen schaute er weiter auf die großes Bild. Also schaute auch ich auf das große Ganze – mein großes Ganzes. Wenn ich das nicht hätte Teile, dann wäre ich nicht in der Lage, alle Arbeiten rechtzeitig zu erledigen. Die S-3, Der Bataillonskommandeur und der Gruppenkommandant würden dies nicht dulden irgendwelche Ausreden.

Das war die allgemein ständige Situation, dass mir jemand auf die Hand schlug für die eine oder andere Sache. In diesem Fall habe ich mich entschieden, meine Hand zu vermeiden Ich wurde wegen übermäßiger Rollen geohrfeigt oder gekreuzigt, weil ich die Arbeit nicht erledigt hatte pünktlich.

Es war einfach nicht möglich, alle Anweisungen entsprechend umzusetzen Schreiben der Verordnungen. Während der Chef neben mir stand, sagte ich zum Major: „Jawohl Major! Ich werde darauf aufpassen."

Ich sehe immer noch Chiefs verärgertes Gesicht vor mir; dennoch hielt er sich klugerweise zurück und sagte nichts. Er stellte sich liegengebliebene Fahrzeuge vor. Spülung kaputt Fahrzeuge herunterfahren, um Teile zu bekommen, um andere Fahrzeuge am Laufen zu halten. Was würde Lassen Sie einige Fahrzeuge dauerhaft von Teilen befreien und nicht mehr betriebsbereit. Er Ich muss mir vorgestellt haben, dass ich zusammen mit den beiden LTs und dem Bataillon dabei sein würde Ich schreie ihn an, weil er die Ausrüstung nicht reparieren ließ. Es war leicht zu sehen die Depression und Wut, auf die er zusteuerte. Nicht nur das, sondern auch seins Auch die Mechaniker wären in Rage geraten, weil sie so stolz darauf gewesen wären die Ausrüstung am Laufen zu halten.

Nachdem die S-3 losgefahren war, sagte ich zum Chef: „Behalten Sie die Teile. Finden Sie einen Weg dazu Verheimlichen Sie die Situation besser."

Ein Gefühl der Erleichterung durchströmte sein Gesicht und seinen Körper. Nichts Negatives passierte mir. Der S3 war froh, dass er sich für das einsetzte, was richtig war im großen Ganzen. Der Chef war überzeugt, dass er Teile hatte, die er behalten konnte Ausrüstung läuft. Ich war froh, dass mich niemand dafür kreuzigen würde Ich schaffe es nicht, die Arbeit zu erledigen und dass ich nicht wegen eines Mangels jammern würde von Ersatzteilen. Vielleicht würde jemand einem unbekannten Beamten die Schuld geben Vietnam oder Deutschland oder die USA oder sogar der Weltraum, weil sie das nicht bekommen Arbeit wegen Mangel an Ersatzteilen erledigt. Vielleicht

Das Notebook

Einmal in der Woche hatte der Bataillonskommandeur seinen Stab und seine Kompanie Kommandeure treffen sich. Das bedeutete eine zweistündige Fahrt mit dem Jeep auf einer zweispurigen Asphaltstraße Straße. Das Wetter, die Orte und die Dörfer waren meist angenehm Weg zum Treffen. Mein Fahrer und ich würden es tun Durchqueren Sie einige Dörfer und steigen Sie den Hai Van hinauf Fahren Sie durch die Berge und dann hinunter Danang für das Treffen.

Der Bataillonskommandeur traf sich mit dem gesamten Stab, einschließlich des Sonderpersonals und des Unternehmens Kommandanten. Die Informationen galten für alle uns und im Gegenzug würden wir ein paar Kommentare abgeben zum Wohle der Gruppe. Dann würde er es tun Treffen Sie sich mit jedem der Kommandanten einzeln. Wir haben es schnell herausgefunden wie viele Themen er mit uns besprechen wollte. Er benutzte einen Stenographen Notizbuch um Themen aufzuschreiben, die er mit seinen Mitarbeitern besprechen wollte Offiziere und mit den verschiedenen Kommandanten.

Er trug ständig ein 15 mal 22 Zentimeter großes Stenographen-Notizbuch[92], bei sich. . Eine Linie in der Mitte teilte jede Seite. Links

würde er schreiben ein Thema, das er mit einem seiner Offiziere besprechen sollte. Auf der rechten Seite wäre die Lösung oder Nachverfolgung. Die Themen wurden nach Auftreten der Probleme aufgelistet. Ein Beamter hätte also Gegenstände auf vielen verschiedenen Seiten verstreut.

Abbildung 53 Das Notebook

Oberstleutnant Remus legte Büroklammern neben jeden Aktionspunkt. Die Büroklammern des Personals befanden sich links. Die Commander-Büroklammern waren angebracht das Recht. Die Position der Büroklammer auf der Seite deutete auf ein Thema hin dieser Offizier. Wir haben gelernt, die Büroklammern an unserem Standort grob zu zählen die Seite. Meins war unten rechts. Viele Büroklammern zeigten eine lange Länge Treffen und möglicherweise Ärger. Es war ein sehr effizientes System und eines, das Je nach Art der Arbeit habe ich es die nächsten fünfzig Jahre lang immer wieder verwendet das ich tat.

Bei jeder Fahrt zum Hauptquartier des Bataillons habe ich mir zum Ziel gesetzt, 1LT Chuck Stewart im Bataillonseinsatz (S3) zu besuchen. Der Die Gespräche haben mir sehr dabei geholfen, die Spinnweben aus meinem Körper zu entfernen Gehirn. Das soll meine Überlegungen verdeutlichen. Obwohl wir uns nicht einig waren Ich habe seinen Beitrag zu einer Vielzahl von Themen sehr geschätzt. Obwohl ein Major der S3 war, er und ich hatte das Gefühl, dass sein Beitrag z u den Operationen des Bataillons von unschätzbarem Wert war. Deshalb suche ich bis heute Menschen mit unterschiedlichen Meinungen auf, um sie auszuräumen raus, welche Spinnweben in meinem Gehirn lauern.

---

[92] https://www.shoplet.com/National-Standard-Spiral-Steno-Book/RED36646/spdv?pt=rk_frg_pla&ppp=g_eYo5C4IP-6LA&gclid=Cj0KCQjwsLWDBhCmARIsAPSL3_0QZf8BagSY0YIqP3cU__8OCZU9zP86_udwuT4J1qV30Od5ZyY-2kgaAvLNEALw_wcB

Hai-Van-Pass[93] (Untergrundbunker der NVA-Division?)

Abbildung 54 Moderne Ansicht des Hai-Van-Passes. 2-3 Stunden von der Kompanie zum Bataillon. Mit freundlicher Genehmigung von MiniMax Travel, einem ausgezeichneten Reisebüro.

Auf dem Rückweg vom Bataillon zur Kompanie war das nichts Ungewöhnliches Verzögerungen haben. Im Hai-Van-Pass würde es eine Party geben (einen Hinterhalt. Es wurde eine Party genannt, weil so viele Leute kamen). So dass würde die Straße weiter vorne blockieren und Fahrzeuge zum Anhalten zwingen. Einige Leute würde ungeduldig werden und versuchen, auf der anderen Spur zu fahren, wo es keine gibt jeglicher Verkehr. Ich fragte mich, warum das so war Ich bin so bestrebt, diesen Teil des Jahres zu überstehen Stau. Die erfahrenen Fahrer des Transportkorps würden das verhindern das, indem sie ihre Fahrzeuge zum Blockieren bewegen andere davon abzuhalten, weiterzukommen. Das würden auch ihre Konvoi-Integrität bewahren und verhindern Sie später Hinterhaltprobleme. Auch diejenigen, die versuchten, an den angehaltenen Fahrzeugen vorbeizukommen, kamen einfach durch Sie waren näher am Kampfgeschehen und sahen nicht wie Soldaten aus für einen Kampf. Sie hatten ihre Gewehre oder Pistolen nicht in einer nachgebenden Position irgendein Zeichen dafür, dass sie vorbereitet waren.

---

[93] Bild von MiniMax Travel. http://www.minmaxtravel.com/travel-guide/vietnam/regions-in-vietnam/northern-vietnam/north-central-coast-or-north-central-bac-trung-bo/thua-thien-hue-province/hai-van-pass/

In der Zwischenzeit würden mein Fahrer und ich Sehen Sie sich die Show an, die die Jets[94] veranstalten. Sie flog hoch in den Himmel. In eine Nähe verwandelt Senkrechttauchgang direkt nach unten die Party[95] . Dann lasst eine Bombe los bzw zwei. Irgendwie der Pilot im Weltraum von dem, was schien, einen Zentimeter entfernt zu sein Der Boden verwandelte den Strahl in eine Vertikale steigen. Wie er und das Flugzeug standhielten Die G-Kräfte haben mich überrascht. Wie Oftmals kann der Pilot das vorher tun er ist verletzt? Wie oft kann das Jet machen so scharfe Kurven vor dem Stahl und andere Komponenten im Strahl scheitern? Das ist der Geist eines Ingenieurs. Ich denke nichts an die Menschen im Kampf um Leben und Tod eine halbe Meile oder so voraus.

Abbildung 55
Danach steiler
Aufstieg

Abbildung 56
Direkt nach unten
angreifen. Wie
haben sie das
Drehen gemacht?

Während ich mir die Sendung ansah, ärgerte ich mich mehrmals über die Verzögerung, die mich daran hinderte, weitere der tausend Aufgaben, die in der Kompanie auf mich warteten, zu erledigen. Was zehn Meter vor mir auf dem Pass passierte, war mir kaum bewusst. An jedem der Lastwagen und Jeeps hielten zwei etwa zehnjährige Jungen an. Sie führten Gespräche mit dem Soldaten drinnen.

Als sie meinen Jeep erreichten, fragten sie: „Hey GI, Cola fünfzig Cent." Du willst mein Schwester? Sie gut. Ich habe ein schönes Fläschchen (mit Heroin) für dich. Fühlen Sie sich echt Gut. Fünf Dollar." Dann sahen sie meine Eisenbahnschienen (Abzeichen des Kapitäns). An meinem Kragen waren zwei silberne Stäbe angebracht, die wie eine Eisenbahn aussahen Spuren). Sie machten überraschte Gesichter und eilten zum nächsten Fahrzeug.

---

[94] Beide photos. Kostenlose Nutzung: https://pixabay.com/photos/air-force-jet-fighter-military-438465/ https://pixabay.com/service/terms/
[95] Eine Party, weil so viele Leute kamen

Während ich immer noch über die Aufgaben nachdachte, die im Unternehmen zu erledigen waren, überlegte ich vage: „Woher und wie haben diese beiden zehnjährigen Jungen so viel Eis bekommen?" und Coca-Cola zusätzlich zu diesem Pass?" Müde und zunehmender Druck Ich verschwendete Zeit damit, darauf zu warten, dass die Party vorbei war, und der Gedanke verflüchtigte sich leise weg.

Jahrzehnte später sah ich mir die Fernsehdokumentation „Full Circle with Michael" an Palin." Es war eine mehrteilige, interessante Erklärung seiner 50.000 Meilen Erkundung der Pazifikküste. Er begann in Alaska und ging weiter Westküste Amerikas und dann die Ostküste Asiens hinauf, Ende Zehn Monate später kehrte er dorthin zurück, wo er in Alaska angefangen hatte. Ich wurde extrem interessiert, als er auf dem Hai-Van-Pass war. Ich dachte, da wäre ich. Er erklärte, dass während des Vietnamkrieges innerhalb des Hai-Van-Passes ein Hauptquartier der nordvietnamesischen Division mit einem Feldlazarett.

In diesem Moment dachte ich: „Vielleicht haben die beiden Jungs die Kühltruhe gefüllt." mit Coca-Cola von der NVA, machten sich ein paar Münzen und spendeten Informationen an ihre Chefs weitergeben. Vielleicht, wenn ich die seltsame Aktivität von gemeldet hätte Die Jungs im Pass hätten das NVA-Divisionshauptquartier sein können angegriffen und zerstört. Vielleicht wäre der Verlauf des Krieges so gewesen verändert. Vielleicht hätten die Amerikaner gewinnen können und Südvietnam hätte gewonnen waren eine Demokratie. Vielleicht."

Etwas Ähnliches geschah tatsächlich kurz vor der Schlacht von Midway. Der Die Amerikaner profitierten von einem der glücklichsten Schläge in der Militärgeschichte. Ein einzelner japanischer Zerstörer hinterließ eine verräterische Spur, als er versuchte, ihn einzuholen die Flotte. Das amerikanische Flugzeug verfolgte die Spur bis zur japanischen Trägerflotte. Hätte der Spotter ignoriert, dass er das Kielwasser gesehen hatte, wäre das Ergebnis vielleicht so gewesen. Anders beim Krieg im Pazifik. Wer weiß? Manchmal ist das Schicksal von Empires schaltet einen Münzwurf ein.[96]

---

[96] https://www.quora.com/Did-the-US-Navy-risk-an-unnecessary-total-confrontationwith-the-Japanese-Imperial-Navy-at-Midway-Losing-4-carriers-as-

Das sind die kleinen Stücke langweiliger Intelligenz, die die Intelligenz ausmacht Die Community arbeitet mit ihnen zusammen, um Empfehlungen für den Betrieb abzugeben. Also, wenn ich hatte meine zufällige Beobachtung dem Bataillon S2 oder dem 101. G2 gemeldet Hätten sie es untersucht? Oder hätte die Information War das nur eine von vielen solchen Kleinigkeiten?

the-Japanese-didwould-probably-force-the-US-to-negotiate-for-a-peace-agreement-Why-not-wait/ answer/Richard-Lobb-1#comments Accessed Dec 1, 2022.

Kapitel 7 -Andere Aktivitäten

Neben der Konzentration auf die Erledigung der technischen Arbeiten gab es noch weitere eine Vielzahl weiterer Aktivitäten. Hier sind einige davon.

Soziale Netzwerke mit dem
326 Engineer Battalion des 101st

Neben der Konzentration auf die Erledigung der technischen Arbeiten gab es noch weitere eine Vielzahl weiterer Aktivitäten. Hier sind einige

Um das 326. Pionierbataillon besser kennenzulernen, das dem 101. zugeordnet war, habe ich begleitete sie von Zeit zu Zeit auf einer ihrer Offizierspartys. Sie waren eine äußerst enthusiastische, missionsorientierte Gruppe. Sie liebten es, von ihnen zu erzählen Exploits, Ausfälle und Probleme. Es war eine tolle Möglichkeit, Dampf abzulassen und anzukommen einander kennen und Probleme schnell und unkompliziert lösen können.

Der Bataillonskommandeur würde einige Bemerkungen zur Führung machen, Fortschritt, Dinge, die verbessert werden müssen, und dann würden wir etwas trinken. Einige davon Die Jungs waren Profis im Trinken und ich nicht. Also habe ich das vermieden möglichst zu betrunken sein. Es erleichterte auch das Fahren mit dem Jeep im Dunkeln von ihrem Gelände zurück zu meiner Einheit interessant. Weil ich einen Fahrer hatte, nichts ist passiert.

Mitternachtsanforderungen

Ein Kampfschweringenieurunternehmen verfügt über deutlich mehr Ausrüstung als eine luftbewegliche Einheit. Sie brauchten, genau wie wir, Teile für ihre Ausrüstung. Natürlich, Der übliche juristische Ansatz bestand darin, Formulare auszufüllen und die Anforderung in ein Formular umzuwandeln das System, und durch einen Zauber würden die benötigten Teile erscheinen.

Allerdings würde das lange dauern. Also „besuchte" der 101. meine Kompanie zu ungewöhnlichen Stunden in der Nacht. Morgens Spiegel, Schraubenschlüssel und Kleinigkeiten Artikel würden fehlen.

Es dauerte nicht lange, bis ich das Gefühl hatte, wenn dem nicht so wäre gefesselt, das 101. würde … das heikle Wort ist Mitternacht, es zu beschlagnahmen … das heißt stehlen. Um die „Mitternachtsbeschlagnahmungen" zu verhindern oder zumindest einzudämmen, wanderten Wachen umher um die Ausrüstung herum und verjagt die Jungs. Es schien zu funktionieren. Oder zumindest Die Beschwerden gingen zurück.

Ein dummer Abstecher

Für eine der Fahrten zum wöchentlichen Treffen des Bataillonskommandanten zwei Stunden weg, habe ich mein Firmengebiet vorzeitig verlassen. Unterwegs bemerkte mein Fahrer einen Interessanter Feldweg, der auf der rechten Seite abzweigt. Es war gerade breit genug für einen Jeep um darin zu navigieren. Er war neugierig und sagte: „Hey, ich frage mich, was ist auf dieser Straße?"

Aus Gründen, an die ich mich nicht erinnere, schien es interessant, den Umweg zu nehmen. ICH Ich ging davon aus, dass sich der Weg wahrscheinlich durch den Dschungel und zurück schlängelte zur Hauptstraße. Also sagte ich ohne weiteres Nachdenken: „Ja. Was zum Teufel. Lass es uns nehmen."

Abbildung 57 Auf eine ähnliche Gruppe sind wir gestoßen

Wir wurden langsamer und genossen das Bäume, blauer Himmel und Sonnenschein Die Äste der Bäume über ihnen wurden dicker. Nach etwa zwanzig Minuten Der holprige Weg machte einen Winkel von neunzig Grad nach links abbiegen.[97] Ungefähr hundert Fuß vor uns waren zehn bis Fünfzehn Guerillasoldaten gekleidet zerfetzter schwarzer Pyjama mit AK17 Gewehre. Sie sahen aus wie die darin im Bild gezeigt. Obwohl das Bild nur ein Beispiel ist. Der Leiter starrte offensichtlich auf die Karte und drehte sie immer wieder hin und her, versuchte es Finden Sie

---

[97] Dieses Bild ist in der Sammlungsdatenbank des Australian War Memorial unter der ID-Nummer P01934.033 verfügbar./

heraus, in welche Richtung die Straße verlief und wo er sich auf der Karte befand.

Mein Fahrer sagte: „Oh Scheiße.

"Ich sagte: „Mach weiter."

Die Soldaten waren schockiert, als sie uns aus dem Nichts auftauchen sahen. Als sich der Jeep näherte, zeigten sie sich überrascht und trennten sich dennoch instinktiv nach links und rechts. Wieder sagte ich dem Fahrer: „Fahren Sie einfach weiter." Lässig legte ich meinen linken Arm auf seine Schulter und winkte den Soldaten mit dem „V"-Friedenszeichen zu. Sie hätten leicht auf uns zukommen und uns packen können.

Als wir an ihnen vorbeikamen, lauschte ich auf das Knacken des Gewehrfeuers und den dumpfen Schlag Der Knall von Kugeln traf den Jeep und hoffentlich nicht uns. Mein Fahrer ist angekommen für den Schaltknüppel, um den Jeep in einen höheren Gang zu schalten und schnell rauszukommen. Während mein linker Arm immer noch auf seiner Schulter lag, sagte ich: „Wechseln Sie nicht den Gang. Nicht beschleunigen. Machen Sie nicht sneller. Mach einfach weiter."

Als die Straße nach links abbog, sagte ich: „Verschwinde von hier."

Wir hatten Glück. Außerdem habe ich genau wie die beiden gegen die Vorschriften verstoßen Als ich die Kompanie übernahm, wurde einer getötet und einer verwundet. Ich hätte es besser wissen sollen, als so leichtfertig einem Spontanen zuzustimmen Reise. Wir hatten Glück, die anderen beiden Soldaten nicht. So ist Krieg. Manchmal Bruchteile eines Zolls oder einer Sekunde. Ich bin mit einer dummen Entscheidung davongekommen und das taten sie nicht. Wie oft wiederholten sich solche Ereignisse in Vietnam? und all die Kriege in der Zivilisation? Wahrscheinlich millionenfach. Die meisten drehten sich um alles klar; aber einige zahlten schwere

Konsequenzen. Ebenso treffen Menschen im zivilen Leben Hunderte spontane Entscheidungen die erfreulich sind und keine nachteiligen Folgen haben. Dennoch gibt es welche diese wenigen spontanen Aktionen, die zu Schaden oder Tod führen. So ist das Leben und ist Teil des Sinns des Lebens.

Kriegsgericht

Ein 1LT kam aus dem tiefen Süden. Er stand in meinem Kompaniehauptquartier. Ein großer, kräftiger afroamerikanischer Soldat, ebenfalls aus der Tiefe South ging hinein. Die beiden sahen sich an. Sie waren wie Katzen Sobald sie sich sahen, stellten sich ihre Felle auf und waren bereit für einen Kampf. Der Leutnant ballte die Fäuste und hielt sie an seiner Seite. Der Afrikaner Ein amerikanischer Soldat schlug heftig auf den Leutnant ein und warf ihn zu Boden Boden. Soweit ich gehört habe, war es ein sehr guter Hit.

Ich war zu diesem Zeitpunkt nicht im Gebäude. Als ich von dem Vorfall erfuhr, kam ich zu dem Schluss, dass das Schlagen eines Beamten eine Strafe ist, die mehr Disziplinarmaßnahmen erfordert, als ich verhängen könnte. So, I sent the Charge Sheet to the Battalion Commander.

Er kam zu dem Schluss, dass ein Sonderkriegsgerichtsverfahren mit einem Militärrichter gerechtfertigt sei war Rechtsanwalt im Sinne von Artikel 90 des UCMJ (Uniform Code). der Militärjustiz). Im Falle einer Verurteilung könnte der angeworbene Mann unehrenhaft werden Entlassung, Entlassung, Haft von mehr als einem Jahr, Zwangsarbeit ohne Haftdauer von mehr als drei Monaten, Entgeltverlust von mehr als zwei Dritteln Lohn pro Monat oder etwaiger Verfall des Lohns für höchstens ein Jahr.[98]

Nach dem Prozess rief mich der Bataillonskommandeur über den Sicherheitsfunk an. Er teilte mir mit, dass der Richter den eingezogenen Soldaten nicht verurteilt habe. Sie fühlte Das lag an der Herkunft des afroamerikanischen Soldaten, als er das sah Der Leutnant ballte die Fäuste, er spürte, dass er getroffen werden würde. Zur Selbstverteidigung schlug er also zuerst zu.

Ich war wütend. Aber meine Selbstbeherrschung sagte nichts. Es war spät in der Nacht, und ich ging zu Bett und dachte darüber nach, wie ich damit umgehen sollte. Wäre das offen? Staffel über das Schlagen von Offizieren? Würde es zu mehr rassistischen Spannungen

---

[98] https://www.military.com/benefits/military-legal-matters/courts-martial-explained.htm

kommen? Oder würde Ist dieser Schlag vorbei? Das Ergebnis war ein weiterer Baustein im Gebäude der Vergrößerung Rassenspannungen.

Der Bataillonskommandeur befürchtete, dass der Leutnant zu Hause bleiben würde der Einheit, dass er zum Ziel weiterer Gewalt werden würde. Also sagte er etwas ihn aus der Einheit zu verlegen. Ich wollte ihn nur ungern verlieren, weil er es war ein ausgezeichneter Offizier, der für den Erfolg des Unternehmens von entscheidender Bedeutung war. Also, Ihn zu verlieren bedeutete, dass ich es getan hätte, da 1LT Don Schlotz nach Hause gegangen war Es gab keine Leutnants in der Einheit, obwohl ich eigentlich vier haben sollte. Ich widerwillig stimmte zu und dachte: „Ich werde das schon irgendwie herausfinden."

Seitdem bereue ich es, mich nicht energisch für ihn eingesetzt und gestritten zu haben allerdings mit dem Bataillonskommandeur, anstatt ihm zuzustimmen Ich konnte seinen Standpunkt verstehen. Der Leutnant könnte angegriffen, verletzt oder verletzt worden sein sogar getötet.

Jetzt, über fünfzig Jahre später, sowohl die Entscheidung des Richters als auch meine Nichtunterstützung Die Meinung meines Leutnants stört mich immer noch. Leider ist es eines dieser Dinge, die man loslassen muss und fahre fort. Ich kann nichts dagegen tun. Es macht keinen Sinn, in der Vergangenheit zu verweilen.

Froh Es War Nicht Mich

Ungefähr zwei Monate, nachdem ich der Kommandant über das Unternehmen übernommen hatte, mehrere Wir waren bei der üblichen Besprechung des Bataillonskommandeurs und haben es dann auch getan Mittagessen. Jemand kam zu uns und sagte: „Der Kommandant der Kompanie B, CPT Ralph Cordon und mehrere andere wurden getötet. Sie standen zusammen Diskussion über das Straßenprojekt. In der Straße war eine Landmine vergraben. Wann Sie waren in der Nähe, jemand hat die Mine gezündet. Es tötete sofort fünf Soldaten. Die Hälfte von Ralphs Körper wurde fünfzehn Meter die Straße hinuntergeschleudert."

Mein erster Gedanke war: „Ich bin froh, dass ich es nicht war." Mein zweiter Gedanke war: „Seltsam, wie egoistisch die eigenen Gedanken und Gefühle sind."

Der Sanitäter, Sergeant Ed MacNeil III, den ich zuvor erwähnt habe, als der Munitionslager explodierte und hatte mich wegen sehr kleiner Schnittwunden versorgt auch getötet. Zusätzlich SP4 Jeffrey Goodrich und SP5 Joe Larson, SP5 Christoher Neal wurden zur gleichen Zeit getötet.[99] (SP bedeutet Spezialistenrang.)

Wieder einmal Schicksalsschläge. Ich hätte es sein können, aber es war jemand anderes. Wie Viele Male in Vietnam und all den Kriegen der Zivilisation rettet das Glück einige während andere getötet, verletzt oder dauerhaft verkrüppelt werden

Abbildung 58 Links bis rechts Ralph Cordon, Ed MacNeil III, Jeffrey Goodrich, Joe Larson. Christopher Neal

Meine dumme, intensive Abneigung

Im Großen und Ganzen habe ich immer versucht, mit jedem zusammenzuarbeiten, der kommt unabhängig von ihrer Persönlichkeit, ihrem Hintergrund oder ihren Fähigkeiten. Menschen sind, wer sie sind Sind. Manche Leute sagen, das sei meine Schuld; während andere sich höflich fragen wenn ich nicht energischer mit einigen nervigen Leuten umgehen sollte.

Es war für mich untypisch, dass es einen Kerl gab, den ich zu verachten begann. Er kam als Hauptmann in das Bataillon aufgenommen. Bei meinem ersten Treffen mit ihm war ich neutral Gefühl. Innerhalb weniger Tage begann ich, ihn nicht mehr zu mögen. Nach mehreren Wochen mein Abneigung verwandelte sich in Hass.

---

[99] https://www.vvmf.org/Wall-of- https://www.vvmf.org/Wall-of-Faces/search/results/?casualtyDateMonth=05&casualtyDateDay=02&casualtyDateYear=1971

Da ich jedoch Christ bin, habe ich mir selbst etwas eingeredet ihn nicht mögen und tolerieren.

Als er ins Bataillon kam, sagte er das dem Bataillonskommandeur Er verließ das Gelände des Bataillonshauptquartiers nicht, weil er zu viel Angst davor hatte, mit dem Krieg nicht einverstanden war und der Kommandant ihn vor ein Kriegsgericht stellen konnt

Der Kommandant entschied, dass dies der einfache Ausweg wäre. Aber seit dem Kapitän hatte Englisch als Hauptfach und wäre perfekt für einen Schreibtischjob, bei dem er alles erledigen würde die Aufzeichnungen und Korrespondenz für das Bataillon. Auf diese Weise der Widerspenstige Der Kapitän würde bekommen, was er wollte, und der Kommandant hätte alles perfekt gemacht Papiere, die die Einheit verlassen. Das war ein kluger Schachzug meines Kommandanten und eine, die ich oft genutzt habe, um Konflikte zu lösen.

Eines Tages jedoch konnte ich meiner plötzlichen, albernen, intensiven Abneigung gegen dieses Thema einfach nicht widerstehen ihn. Das Hauptquartier des Bataillons hatte mich wissen lassen, dass der Hauptmann kommen würde an mein Unternehmen, um den Papierkram zu überprüfen und zu verbessern. Seit er Als er sich weigerte, die sechzig Meilen lange Fahrt mit dem Jeep zu machen, gelang es ihm, einen Hubschrauber zu besorgen Fahrt zu meiner Kompanie. Das kam mir seltsam vor und ich fragte mich, wie er das schaffte einen solchen Luxus zu arrangieren, wenn ich die Reise immer mit dem Jeep gemacht habe.

Trotzdem ließ ich ihn von zwei Jeeps am Landeplatz abholen was nicht auf meinem Gelände war. Beide Fahrzeuge hatten M60-Maschinengewehre. Anstatt direkt zu meinem Hauptquartier zu gelangen, sollten sie einen Umweg nehmen. In einem sicheren, verlassenen Gebiet sollten sie mit dem Abfeuern der beiden Maschinengewehre beginnen ein paar Minuten und kehren dann schnell ins Lager zurück. Das würde meiner Meinung nach Angst machen die Füllung aus ihm heraus. Es war wirklich eine dumme Idee; aber vielleicht kannst du es spüren meine Gefühle für ihn.

Aber ... ohne dass ich es wusste, war auch der Bataillonskommandeur im Hubschrauber. Glücklicherweise hat der für die Abholung des

Kapitäns zuständige Unteroffizier eine kluge Entscheidung getroffen um die Eskapade zu vereiteln. Was einerseits klug war; allerdings auf der anderen Seite Andererseits konnte ich den Kapitän nicht dazu bringen, seine Hosen neu zu ordnen. So ist das Leben. Seltsam, wie Gefühle und Kriege sind. Warum sollte man sich so viel Mühe für solch einen Blödsinn geben? und vielleicht gefährliche Ursachen? Irgendwann habe ich gelernt, solche Dummheiten zu überspringen emotionale Handlungen und machen mit dem Leben weiter.

378 Liebesbriefe

Damals erfolgte die Kommunikation mit meiner Frau nach einer alten Methode Briefeschreiben. Von meiner Abreise nach Vietnam bis zu meiner Rückkehr Marlene, wir haben uns jeden Tag einen Brief geschrieben. Das waren insgesamt 378 Briefe von jedem von uns insgesamt 756 Briefe. Meine Briefe waren portofrei. Fast Ein halbes Jahrhundert später haben wir sie immer noch. Sie sind irgendwo staubig Kasten. Vielleicht haben die Mäuse oder winzigen Käfer sie gelesen, als sie Häuser gebaut haben oder habe die Prosa verdaut. Eines Tages kommen Marlene und ich vielleicht dazu, zu lesen ihnen. Nicht viel drin. Lieben Sie sich einfach gegenseitig Notizen und plaudern Sie darüber alltägliche Dinge längst vergessen.

Es würde zwei bis drei Wochen dauern, bis ein Brief von mir an sie ging Deutschland, wo sie die Kinder amerikanischer Soldaten unterrichtete. Sie würde den Brief lesen und ein paar Tage später oder vielleicht auch gleich schreiben eine Antwort. Dann, zwei bis drei Wochen später, kam der Brief. Manchmal es gab Tage, an denen keine Briefe ankamen, und dann plötzlich eine Menge vier oder fünf kamen an. Marlene reagierte vielleicht auf etwas, das ich hatte fragte vier Wochen zuvor. Sie hatte meinen Brief vor sich, also würde sie es tun Schreiben Sie eine kryptische Antwort. So schrieb ich ihr vier bis sechs Wochen lang einen Brief eine Antwort erhalten. Daher konnte ich mich manchmal nicht an meine Frage erinnern oder Aussage war.

Dennoch konnten wir uns darauf einigen, wann und wo wir uns zu einem Treffen treffen Woche Urlaub in einer riesigen Stadt wie Bangkok. Irgendwie die wohlwollende Armee hat alle Vorkehrungen getroffen.

Ruhe und Entspannung (R&E)

Die Armee erlaubte sieben Tage und sechs Nächte Ruhe und Entspannung (R&E). an einer Auswahl von Hawaii, Australien, Bangkok und vielleicht einigen anderen Orten Ich habe es vergessen. Der Flug war kostenlos; Den Rest bezahlen die Soldaten Kosten. Soldaten könnten die R&E jederzeit zwischen dem dritten und dem neunten Tag übernehmen Monat der Tour. Erfahrene Soldaten schlugen vor, die R&E herumzuführen der achte Monat. Ihre Argumentation war, dass man beim vierten Mal R&E nehmen würde Dann, wenn R&E vorbei war, würden sich die restlichen acht Monate anfühlen wie eine Gefängnisstrafe. Wenn man jedoch im achten Monat R&E einnimmt, ist das der Fall Es würde nur noch drei Monate dauern, bis es Zeit war, nach Hause zu gehen. Jeder könnte es tun das Stehen auf dem Kopf, weil die Zeit so knapp war.

Da Marlene in Deutschland war, fiel die Wahl auf Bangkok als Treffpunkt praktisch, ein Ort, an dem wir noch nie gewesen waren, und während ihres Urlaubs auf meinem siebter Monat. Also haben wir uns schnell auf Bangkok geeinigt. Ich habe keine Ahnung, wie viele Briefe, die nötig waren, um diese Vereinbarung zu treffen. Wenn ich neugierig genug wäre, könnte ich es Öffnen Sie die staubige Kiste, die im Schrank vergraben ist

Ich erinnere mich nur noch daran, wie ich zum Flughafen in Vietnam kam, um den Flug zu nehmen Bangkok. Es gab eine Art Briefing. Die Armee hat immer eine Einsatzbesprechung. Ein Briefing am Morgen, ein Briefing am Abend, ein Briefing vor der Überfahrt die Straße. Hier war es nicht anders. Irgendein Typ hatte ein Drehbuch, das er uns vorlesen wollte. Seien Sie vorsichtig vor Betrügern und Prostituierten. der Krieg könnte auch da sein usw. Er erwähnte so etwas wie: „Du könntest etwas Dummes tun." Wenn ja, kontaktieren Sie uns bla bla bla." Niemand kümmerte sich darum. Wir wollten Spaß haben.

Am Abflughafen beschloss ein Angestellter, mir das Leben schwer zu machen. Er tat es nicht wie der Krieg, sein Job, seine Offiziere oder vielleicht auch ein schlechter Tag. Er gab einen Grund an, weshalb ich nicht in das Flugzeug einsteigen konnte. Anstatt von einem zu träumen Eine wunderbare Zeit mit Marlene, meine Aufmerksamkeit war ganz auf die Gegenwart gerichtet Moment. Marlene kam gerade in Bangkok an, als ich aus Vietnam flog würde gehen. Ich wollte meine Frau treffen und hatte nur eine begrenzte Zeit.

Wenn ich mich in einen Radkasten des Flugzeugs zwängen müsste, wäre ich dabei DIESER Flug. Nach vielen Diskussionen und Treffen mit denen weiter oben in Seine Nahrungskette, ich war an Bord. „Ich habe meine Gefühle stark unter Kontrolle", sagte ich Ich selbst: „Vorsicht, du könntest etwas Dummes tun." Schließlich der Angestellte reichte mir mit einem zufriedenen Blick die Bordkarte. Er hatte Unannehmlichkeiten verursacht ein Kapitän und kam ungeschoren davon. Andererseits war auch ich zufrieden dass ich es geschafft hatte, in den Flug einzusteigen. Obwohl es mich etwas gestört hat denn das bedeutete, dass ein anderer Soldat abgeschossen würde.

Glückliche, ausgelassene Soldaten befanden sich auf dem Flug nach Bangkok. Es war Partyzeit!!

Die sechs Nächte und sieben Tage waren pure Glückseligkeit. Die Erinnerung an das, was wir getan haben, ist vage. Kaufe einen Rock

für Marlene und einen Anzug für mich selbst. Wir besichtigten die Stadt mit genehmigten Armeetouren und wagten uns hinaus auf eigene Faust. Sah den liegenden Buddha, bedeckt mit Gold oder Goldfarbe. Der Der lächelnde Buddha lag auf dem Rücken und besetzte einen Häuserblock. Die Flusskreuzfahrt Es war herrlich mit glücklichen Thailändern und anderen Ausländern.

Abbildung 59 Marlene und Ich im Bangkok Osterr 1971

Besonders viel Spaß hat es gemacht, am Wasserfest teilzunehmen. Die Stadt brach herein Feier des kommenden Monsuns. Fast alle Thailänder gossen Wasser ein auf jeden, besonders auf Ausländer. Kinder rannten hinter den Leuten her Straße und übergießen Sie sie mit Eimern Wasser. Oder sie würden Spielzeugwasser verwenden Pistolen. Zwei thailändische Kinder mit breitem, schelmischem Lächeln und eimerweise Wasser folgte uns. Sie versuchten, uns mit Wasser zu übergießen. Ich suchte weiter zurück zu ihnen. Sie lachten. Schließlich schütteten sie das Wasser auf einige davon anderer Amerikaner. Erwachsene benutzten

Schläuche, um sich gegenseitig zu bespritzen. Bangkok kicherte, war glücklich und machte großen Spaß. Es war ein Land des Lächelns und der Freude. Sie schienen im Gegensatz zu den Menschen in Vietnam die glücklichsten Menschen der Welt zu sein.

Marlene erwähnte mir gegenüber, dass sie eine Freundin in England besucht hatte. Da die Freundin jemanden in der amerikanischen Botschaft kannte, könnte Marlene das tun Sie können mich in Vietnam anrufen. Also wurden die Vorkehrungen getroffen. Der Anruf musste mehrere Verbindungen nach Europa, Indien, Saigon und nach nehmen Phu Bai, etwa zwei Meilen von meiner Station entfernt. Der letzte Operator gerade Ich konnte nicht herausfinden, wie ich das letzte Stück der Verbindung herstellen konnte. ich denke, dass Wenn die Verbindung hergestellt worden wäre, wäre ich zusammengebrochen und hätte geweint.

Am letzten Tag im Hotelzimmer hallte Marlenes Schweigen unheimlich wider Wände. Dann weinte sie.

Ich fragte: „Was ist los?"

Mehr Stille. Ein unheilvolles Gefühl überkam mich wie die Spur eines Zahnarztes Decke, die Patienten beim Röntgen verwenden. Das Gewicht war unerträglich. Ich bat sie um eine Erklärung. Dann sagte sie: „Das kann ich dir nicht sagen."

Das widerliche Gefühl aus irgendeinem dummen Grund verwandelte sich in einen Gedanken. "Sie will sich scheiden lassen! Jetzt erzählt sie es mir auf dem Weg zum Flughafen." Über fünfzig Jahre später habe ich immer noch keine Ahnung, warum mir so eine alberne Idee in den Sinn kam. Manchmal frage ich mich, wie zufällige Gedanken aus dem Nichts auftauchen. Manche verschwinden genauso schnell und ein paar bleiben in den Spinnweben meines Gehirns. Vielleicht passiert das auch vielen anderen Menschen.

Schweigend machten wir uns auf den Weg zum Flughafen. Einerseits war mein Herz schwer mit dem Abschied von ihr; Andererseits dachte ich irrationalerweise, dass sie es wollte eine Scheidung. Woher diese Idee kam, werde ich nie erfahren. Es hatte keine Grundlage. Aber ich habe es gespürt. Der Flug von Bangkok nach Vietnam war geprägt von Stille von Soldaten. Keiner johlte, brüllte und holte Getränke. Keiner war lächelnd. Wir saßen einfach auf den Sitzen und starrten nach vorne.

Fast hätte ich etwas Dummes getan

Nach ein paar Stunden übernahm ich wieder das Kommando über das Unternehmen. Allerdings habe ich es nicht getan Konzentrieren Sie sich auf meine Kommandantenaufgaben. Es war mir egal. Es war mir wirklich egal Über alles mögliche. Welchen Sinn hatte es, etwas zu tun? Die einzige Liebe von mir das Leben ging zu Ende und ich konnte nichts tun. Ich war in Vietnam und sie war auf der anderen Seite des Kontinents in Deutschland. Das Leben war nutzlos und sinnlos. Das einzige Geschenk, das ich ihr machen konnte, war meine Lebensversicherung. Ich hatte also das Gefühl, dass ich ihr mit einem ehrenvollen Tod das Ganze schenken könnte Betrag von 10.000 US-Dollar. Heute im Jahr 2023 wäre das etwa 77.000 US-Dollar wert.
Im Rahmen meiner normalen Arbeit besuchte ich verschiedene Projektstandorte. Der Bereiche mussten bewacht werden, um einen möglichen Angriff zu verhindern oder zumindest alle darauf aufmerksam zu machen Attacke. Der Zug oder die Truppe verrichtete die Arbeit, während ein oder zwei Soldaten saßen oder in der heißen Sonne herumliefen und nach einem möglichen Angriff Ausschau hielten. Es war langweilige Arbeit. Wir wussten alle, dass das nicht passieren würde. Zumindest haben wir das geglaubt. Wir wussten' dass die Nordvietnamesen und die Vietcong „wussten", dass sie gewinnen würden der Krieg; und hatte das Gefühl, dass die ganze Arbeit, die die US-Ingenieure leisteten, wirklich war für Sie. Deshalb würden sie uns Ingenieure in Ruhe lassen. Es machte Sinn. Es war beruhigend, das zu denken. Aber warum dann die Arbeit machen? Warum nicht gehen und direkt gegen sie kämpfen? Es war verwirrend, über diese strategischen Fragen nachzudenken beim Umgang mit alltäglichen Problemen und Anweisungen.

Von Zeit zu Zeit bemerkte einer der Wachposten etwas. Das Verfahren war, eine Patrouille zur Untersuchung zu schicken. Aber ich war überzeugt, dass Marlene nein wollte nicht mehr mit mir verheiratet sein. Als ich also auf einer Projektseite war, würde ich sagen an den Verantwortlichen: „Arbeiten Sie weiter. Ich werde es selbst überprüfen. Es macht keinen Sinn, das Projekt zu verlangsamen." Es gab einige Diskussionen darüber Ich gehe alleine. Aber ich hoffte, dass ich alleine den VC oder NVA[100] nehmen würde würde mich umbringen.

Nachdem ich dies einige Male getan hatte, sagte der First Sergeant zu mir: „Sir! Wenn Wenn dir etwas passiert, müssen die anderen Männer losgehen und dich finden. Sie Auch sie könnten verletzt oder getötet werden. Denken Sie daran, Sie haben eine Verantwortung gegenüber den Männern.

„Das stimmt." Also konzentrierte ich mich sofort auf Aufrechterhaltung, Disziplin, Rassenbeziehungen, Drogenprobleme, Alkoholprobleme und Arbeit für das 101. Airmobile Aufteilung.

Speisegebaude Gesprengt

Da das Unternehmen zusammen mit den 101. Einheiten ansässig war, war dies eine Selbstverständlichkeit Ziel. Es war üblich, dass drei oder vier Raketen die Basis in unterschiedlichen Abständen trafen Zeiten in der Nacht. Sirenen würden losgehen. Soldaten rannten zu verschiedenen Orten Verteidigungspositionen. Nichts würde passieren und nach der Entwarnung kam das Signal klang, wir würden wieder schlafen gehen. Diese Angriffe waren also nur Schikanen dass die Leute für die Arbeit am nächsten Tag müde wären. Gerade genug schaffen Unbehagen, so dass ihr Feind nicht klar denken und hoffentlich machen würde einige Fehler, um Amerikaner zu verletzen oder zu töten. Außerdem könnte es die Amerikaner einlullen Ich dachte, dass nichts passieren würde und werde faul. Dann wäre es so ein Angriff auf eine unvorbereitete Heeresanlage sein.

Da das Unternehmen zusammen mit den 101. Einheiten ansässig war, war auch es betroffen durch diese Angriffe. Dennoch habe ich mir und anderen das immer wieder gesagt Im Vergleich zu den Grunzern, die durch den Dschungel stapften, hatten wir es gut.

Einmal gegen zwei oder drei Uhr Am Morgen hörte ich eine Rakete explodiert und die Sirenen heulen. Dann eine weitere Raketenexplosion. Ich dachte, es geht wieder los. Es war verlockend zum Ausschlafen; aber einer nie wusste, ob dies der Anfang sein würde von etwas Großem oder so das würde sich auf das Gerät auswirken. Also, ich, zusammen mit dem Rest der Einheit, legen Wir

---

[100] Viet Cong order North Vietnamese Army.

legten unsere Ausrüstung an und machten uns auf den Weg. Dann Die dritte Rakete traf meine Spiesebegaude.

Als die Basis Entwarnung gab, Ich habe Top, den First Sergeant, darum gebeten Führen Sie eine Personalzählung durch, um dies zu überprüfen Alle waren in Sicherheit und wurden zur Rechenschaft gezogen für. Kurze Zeit später erwähnte er dass nur der Nachtbäcker wer in der Kantine gearbeitet wurde fehlen.

Abbildung 60 Spiesebegebaude wird von einer Rakete gesprengt. (Mit freundlicher Genehmigung von 1LT Ken Ament)

Also durchsuchte eine Gruppe Soldaten vorsichtig das eingestürzte Gebäude auf der Suche nach ihm. Nach einer halben Stunde sagte jemand: „Wir haben ihn gefunden!" Er war in einem Bunker und weigerte sich herauszukommen. Ich sagte zu Top: „Lass ihn dort und alle wieder ins Bett schicken. Die Menschen brauchen ihre Ruhe, und wir kümmern uns darum es am Morgen."

Abbildung 61 Russische Rakete, die das zerstört hat

Am Morgen sagte Top, der Bäcker habe sich geweigert, aus dem Bunker herauszukommen. Ich sagte, ich solle ihn dort lassen und denken, dass er alleine herauskommen würde. Am nächsten Tag weigerte er sich jedoch immer noch, herauszukommen. Ich habe mit gechattet Als er ihn aufforderte, herauszufinden, was los war, sagte er zu mir: „Sir. Ich habe nur drei Tage blieb, bis ich nach Hause ging. Ich bin zu nah dran, um jetzt wegzugehen und getötet zu werden."

Ich sagte zu Top: „Wir können ihn nicht im Bunker lassen, bis er nach Hause geht." Der Rest Einer der Jungs wird sich wundern, und das ist nicht gut für die Moral. Drei mehr Tage schaffen ein Problem. Bringen Sie ihn jetzt raus."

Top antwortete: „Sir, wir haben seine Wir haben keine Papierbestellung noch nicht."

„Sie wissen, wie die Befehle aussehen. Schreiben Sie die Bestellungen auf und erfinden Sie welche Zahlen, ich werde es unterschreiben. Bringen Sie ihn noch heute auf einen Lastwagen und verschwinden Sie hier."

Er warf mir einen dieser Blicke zu. Ich sagte: „Mach dir keine Sorgen. Niemand wird es herausfinden." Also ging der Bäcker an diesem Tag.

Ich fragte mich, ob das System ihn beim Versuch mit gefälschten Bestellungen am Flughafen erwischt hatte in ein Flugzeug nach Hause steigen. Ich habe nie etwas gehört und mich auch nicht erkundigt. Ein weiteres Rätsel.

Kapitel 8 - Nach Hause Gehen

365 Tage

Viele Soldaten trugen Zählkalender die Tage, bis sie nach Hause gehen würden. Manchmal wurden die Kalender verschönert mit einer Schwarz-Weiß-Zeichnung von Snoopy als ein fliegendes Ass aus dem Ersten Weltkrieg, das versucht, das zu überfliegen Roter Baron. Snoopy in der Zeichnung sagte: „Zu Zum Teufel mit dem Roten Baron. Ich gehe nach Hause!". Andere zählten einfach im Kopf.

Was für eine Art, einen Krieg zu führen.

Abbildung 62 Viele Soldaten trugen ein Foto von Snoopy in ihren Countdown-Kalendern. Es zeigte ihre größte Hoffnung – nach Hause gehen! Aus Urheberrechtsgründen ist Snoopy unscharf dargestellt.

Dennoch haben wir unsere Arbeit gut gemacht. Wir haben den USA im Grunde darauf vertraut, dass wir es tun würden, wenn wir verletzt würden Für uns ist gesorgt, und wenn wir getötet würden, würden wir uns um sie kümmern Auch Familien würden eine Entschädigung erhalten.

Vielleicht

Am 6. September 1971 endete meine Führungsverantwortung für die Kompanie mit der Zeremonie des Kommandowechsels, die aus der Verabschiedung des bestand Kompanieflagge von mir an den First Sergeant, an den neuen Kommandanten, CPT Mike Sells. Nach einer zweistündigen Jeepfahrt war ich im Hauptquartier des Bataillons Da Nang am Südchinesischen Meer.

Ein oder zwei Tage nach meiner Ankunft spazierte ich unbeschwert über das Gelände des Bataillonshauptquartiers. Die Entlastung von Verantwortlichkeiten, Problemen zu arbeiten, und die Freiheit, nichts zu tun, war seltsam. Ein Teil von mir wollte etwas Nützliches tun. Der Geschäftsführer bat mich, das zu überprüfen Standardarbeitsanweisungen (SOP). Es gab was, wie und wann zu tun verschiedene Aktivitäten und Berichte. Allerdings war ein Teil von mir einfach zu mental und körperlich müde. Alles, was ich wollte, war, mit Marlene zu Hause zu sein und es zu genießen ihre Gesellschaft, und um mit meinem Leben weiterzumachen. Zum ersten Mal bemerkte ich und genossen den blauen Himmel, den Geruch frischer Meeresluft und eine sanfte Brise, die uns streichelte meine Wangen, die angenehme Temperatur, der Schatten der Palmen und Das beruhigende Rauschen des Ozeans schwillt an. Zweihundert Fuß entfernt, die Das glitzernde, verlockende Meer lockte mich dazu, im Meer zu schwimmen war tabu.

Ein Soldat, der neu im Bataillon und in Vietnam war, ging zufällig mit Mich. Er war etwas nervös wegen des Krieges und des nächsten Einsatzes. Am meisten Wahrscheinlich habe ich ihn beruhigt, indem ich ihm gesagt habe, dass er, wenn er die Anweisungen befolgte, auch seine Anweisungen befolgen würde Hat er seinen Job gemacht und seinen Führungskräften zugehört, stehen die Chancen gut, dass er nach Hause geht als seine Dienstreise zu Ende war.

Dann plötzlich ein ohrenbetäubender Laut Donnerschlag direkt über mir am Baum Die oberste Ebene ließ meinen Kopf nach oben schnellen. Ein Chinook-Hubschrauber[101] mit zwei Rotoren Die Klingen spalteten sich wie ein Ei zwei Teile, während es weiter vorwärts ging das Südchinesische Meer.

Abbildung 63 Typ Chinook-Hubschrauber

Ich sagte scharf zu dem Soldaten: „Komm An. Lass uns gehen." Mehrere weitere Soldaten weiter vor uns rannten ebenfalls in die Wasser, um Jungs aus dem Hubschrauber zu helfen.

Augenblicke später stolperten einige desorientierte Passagiere und Besatzungsmitglieder heraus. Eins Der Soldat lag mit dem Gesicht nach unten im Wasser. Ich habe ihn hochgehoben. Aber es war nur

---

[101] Image by Kevin Lyle courtesy from Pixabay.
https://pixabay.com/photos/helicopter-royal-air-forcechinook-354699/. l
Inverted the picture for the manuscript. Free download per
https://pixabay.com/service/terms

seins obere Hälfte. Einer der Rotoren hatte ihn an der Hüfte zerschnitten. Ich habe das bestanden obere Hälfte an den neuen Mann zu meiner Linken. Ich sagte: „Hier. Du nimmst ihn." Sein Gesicht Papier weiß geworden. Ich dachte müde: „Werde nicht ohnmächtig. Wo ist seine andere Hälfte? Willkommen in Vietnam."

Zu diesem Zeitpunkt waren bereits zwei Soldaten auf die Cockpitfenster des Hubschraubers geklettert. Sie schlugen mit den Fäusten gegen das Glas und versuchten, die Windschutzscheibe zu zerbrechen und hol die Piloten raus. Wir wussten nicht, dass es eine Notauslösung gab Hebel außen direkt daneben. Greifen Sie einfach rüber und ziehen Sie den Hebel und das Das Fenster wäre herausgesprungen.

Eine Welle hob mich zum linken Vorderfenster. Ich habe mir etwas geschnappt. Sah ins Cockpit. Die angeschnallten Piloten schliefen friedlich denn die Wellen waren wie eine Mutter, die sanft das Erbrochene von ihren Babys wäscht.

Ich rutschte zurück ins Wasser und ließ die Jungs zurück, die gegen die Fenster hämmerten ihre Fäuste und gingen um die linke Seite des Hubschraubers herum in Richtung der Zacken Öffnung. Ich schwamm und ging hinein. Die Wellen schlugen immer wieder auf mich ein Kopf gegen das Dach und lass mich dann runter. Das Rauschen der Wellen wurde gedämpft die Schreie der Soldaten draußen. Je näher ich den Piloten kam, desto dunkler wurde es Die Hütte wurde, als Wasser hereinströmte. Als das Wasser herausströmte Hütte, es dämmerte. Als die Brandung den Hubschrauber unerbittlich herauszog Zum Meer hin stieg der Wasserspiegel. Ich hatte Schwierigkeiten beim Atmen zwischen dem Aufstieg und Fall der Wellen. Die Sicht in der Kabine wurde immer ähnlicher Abenddämmerung.

Drähte, Seile und Trümmer verhedderten meine Beine. Das Wasser hat mich weggespült Regulierungs-Boney-Hat, den ich mit nach Hause nehmen wollte. Zum Glück ist das Dschungelstiefel und Uniform verhinderten Schnitt- und Stichverletzungen. ich sollte zog die hochgekrempelten Ärmel des Dschungelanzugs nach unten, um Armverletzungen vorzubeugen Verletzung. In der Eile habe ich es nicht getan. Stattdessen stürmte ich einfach in die Hauptkabine Verschlucken von mit Kerosin vermischtem Salzwasser. In der zeitweiligen Dunkelheit, die Wasser drückte mich nach oben, unten und zur Seite. Ich habe mich immer wieder entwirrt beim Schwimmen, Gehen, Stolpern, mehr Kraftstoff schlucken beim Schmecken Salzwasser und mein Kopf schlug gegen die Decke.

Ich wurde desorientiert, verwirrt und müde. Ich bin gerade dabei, das Cockpit zu erreichen Wo sich die Piloten befanden, begann ein unwillkürlicher Brechreflex. Ich begann zögernd. Ohne nachzudenken drehte ich mich um und steuerte auf das trübe Sonnenlicht zu dorthin, wo der Hubschrauber aufgeplatzt war.

Als ich mich der gezackten Öffnung näherte, ertönte eine Welle, als würde mich das Meer willkommen heißen Ich wollte mich den Piloten anschließen und hob mich hoch zu dem zerlumpten Blech. Hektisch, Ich schwamm schwer atmend von den Rasierklingen aus Metall weg und spuckte Flüssigkeit aus aber nicht ganz Erbrechen.

Zu diesem Zeitpunkt kamen weitere Soldaten, um zu helfen. Einige brachten ein langes, dickes Seil mit um zu verhindern, dass die Brandung den Hubschrauber weiter ins Meer hinauszieht. Jemand schrie, ich solle die 50-Kaliber-Maschine bekommen Waffen und andere Waffen aus dem Hubschrauber um zu verhindern, dass der VC sie dagegen verwendet uns. Aus irgendeinem Grund konzentrierte ich mich darauf Ich habe meinen Bonnie-Hut nicht. Das störte Mich. Ich mochte diesen Hut. Ich wollte diesen Hut. Aber Die Wellen haben es weggespült.

Abbildung 64 Leutnant William Hatcher mit M79-Granatwerfer und Boonie-Hut. „Mit Genehmigung von LT William Hatcher verwendet

Warum habe ich mich nach all dem, was passiert war, konzentriert? auf diesem Hut? Daran wurde nicht gedacht die beiden Kerle, die umgekommen sind. Kein Gedanke über die Dutzenden anderer Menschen, die geholfen haben verhindern, dass die Wellen den Hubschrauber mitreißen und die beiden toten Piloten auf See. Einweichen Nass und niedergeschlagen verließ ich den Strand, duschte, zog mich um und Ich habe den Hut vergessen, zumindest bis ich diese Geschichte geschrieben habe.

Allerdings habe ich über fünf Jahrzehnte lang immer noch gesehen, wie die Piloten friedlich angeschnallt waren ihre Sitze und das Meer, das sie liebkosend begrüßt. Ihr Hautton war normal. Nicht wie die grauen Leichen, die am Straßenrand liegen und warten zum Abruf. Diese beiden waren die einzigen, die gestorben waren und die mich störten. Der Rest der Toten war wie tote Kaninchen, Eichhörnchen oder Vögel, die herumlagen der Rand einer amerikanischen Straße. Bemerken Sie diese nicht einmal und kümmern Sie sich auch nicht darum. Dennoch, ich immer noch Kümmere dich um meinen Boonie Hat und diese beiden Piloten.

Manchmal frage ich mich, wenn ich mehr Druck gemacht hätte, hätten sie vielleicht überleben können, hatte Familien und genoss das Leben. Aber höchstwahrscheinlich wäre ich darin ertrunken Cockpit versuchte, einen komplizierten Gurt zu lösen, von dem ich nichts wusste und Ich habe versucht, die Fenster einzuschlagen, ohne zu wissen, dass ein Notfall vorliegt Zentimeter von ihren Köpfen entfernt. Oder vielleicht hätte ich die beiden mitschleppen können Piloten durch die Kabine in Richtung des aufgerissenen Hubschraubers, durch die Wir verwickelten die Drähte, während noch mehr kontaminiertes Wasser die Kabine und unsere Lungen füllte. Dann hätten vielleicht andere die Bewusstlosen und wahrscheinlich Toten mitschleppen können Piloten an Land und führten eine HLW durch.

Dennoch hätte ich mehr tun können. Vielleicht.

Allerdings nicht wirklich. Vielleicht.

Eines dieser Dinge.

Wen interessiert das…?

Vietnam

Also erledigten wir unsere Arbeit,

gingen nach Hause,

und niemand kümmerte sich darum

Aber

Einige von uns kamen nie wirklich nach Hause

Ein politischer Vorschlag

Das grundlegende Problem des Vietnamkrieges war der Mangel an Führung im Präsidentenamt, im Kongress, in der Wirtschaft und in der Religion, um das Land zu verkaufen Krieg für die Öffentlichkeit in den USA und im Ausland. Was wäre das Verkaufsargument gewesen? Kämpfe dafür, Demokratie statt Kommunismus in Vietnam zu fördern und zu verhindern Wird die Domino-Theorie nicht in ganz Südostasien auftreten? Wenn Präsident Eisenhower hatte 1954 Wahlen zugelassen, dann hätte Ho Chi Minh Wahlen zugelassen war Präsident; Das Land wäre so kommunistisch, wie es jetzt ist. Und wir mit denen wir gerne handeln. Die gesamte US-Führung hat also nichts Wirkungsvolles gesagt um die Weltöffentlichkeit, die US-Öffentlichkeit und die Soldaten zu motivieren.

Wenn die US-Führung über einen Krieg nachdenkt und ihn führt, muss dies der Fall sein den Mut, die Öffentlichkeit in den USA und im Ausland einzubeziehen. Wenn sie das nicht haben Wenn Sie den Mut haben, das zu tun, sollten sie nicht das Militär schicken, das ihr Risiko eingeht Leben, Verwundungen und Familientrennungen ertragen.

Wenn das Militär bereit ist, das Risiko einzugehen, dass ihm die Eier abgeschossen werden, dann sollten es auch die Führung des Präsidenten, des Kongresses, der Wirtschaft und der Religion der USA tun Habe den Mumm, den Krieg zu verkaufen.

Präsident George H.W. Bush tat das, als er den Ersten Golfkrieg verkaufte (1990-1991).[102] Er brachte den US-Kongress dazu, über den Krieg abzustimmen, und mobilisierte sich dann die US-Bevölkerung und 35 Länder, um Kuwait zu befreien.

Es ist die Aufgabe des Präsidenten, des Kongresses, der Politiker, der Wirtschaft und religiöse Führer, um eine Vision der USA und der Welt zu verkaufen

(Ich habe diesen Kommentar später am 22. Januar 2024 hinzugefügt. Ich hoffe, dass beide die europäische Union und die Vereinigten Staaten die Kriegsanstrengungen in der Ukraine voll und ganz

---

[102] https://en.wikipedia.org/wiki/Gulf_War

unterstützen werden. Putin seine Aggressivität fortsetzen zu lassen, wird ihn und andere Diktatoren dazu ermutigen, sich nach mehr Aggression und dem Untergang der Vereinigten Staaten zu sehnen Staaten und Weltdemokratie.)

Anhang – Vietnam-Statistiken

Personalstatistik zum Vietnamkrieg in den USA

Zusammengestellt aus drei Quellen in der Reihenfolge, in der sie angezeigt werden:

> https://www.vva310.org/vietnam-war-statistics
> https://www.americanwarlibrary.com/personnel/vietvet.htm
> http://www.uswardogs.org/vietnam-statistics/

Personal

Während des Vietnamkriegs dienten 9.087.000 Militärangehörige im aktiven Dienst Ära (28. Februar 1961 – 7. Mai 1975)

Während des Krieges (5. August) waren 8.744.000 Soldaten im aktiven Dienst 1964-28. März 1973)

3.403.100 (einschließlich 514.300 Offshore-) Mitarbeiter waren im Südosten Asiens tätig Theater (Vietnam, Laos, Kambodscha, Flugbesatzungen in Thailand stationiert). und Seeleute in den angrenzenden Gewässern des Südchinesischen Meeres).

2.594.000 Soldaten dienten innerhalb der Grenzen Südvietnams (I Januar 1965 – 28. März 1973)

Weitere 50.000 Männer dienten zwischen 1960 und 1964

In Vietnam Von den 2,6 Millionen kämpften zwischen 1 und 1,6 Millionen (40–60 %). im Kampf Nahkampfunterstützung leisteten oder zumindest fair waren regelmäßig feindlichen Angriffen ausgesetzt.

7.484 Frauen dienten in Vietnam, davon waren 6.250 oder 83,5 % Krankenschwestern.
Die höchste Truppenstärke in Vietnam betrug am 30. April 1969 543.482 Mann.

Ungefähr 2.594.000 US-Soldaten dienten im Land während des Vietnamkrieges.

1.736.000 waren US-Armeesoldaten

391.000 waren US-Marines

293.000 waren US-Flieger

174.000 waren US-Seeleute (diese Zahl schließt die US-Küstenwache ein).

Verluste:

Feindliche Todesfälle: 47.359

Nichtfeindliche Todesfälle: 10.797

Gesamt: 58.156 (einschließlich Männer, die früher als MIA- und Maya-Guez-Opfer eingestuft wurden).

Höchste Sterblichkeitsrate im Bundesstaat: West Virginia – 84,1. (Der nationale Durchschnitt Die Sterblichkeitsrate für Männer lag 1970 bei 58,9 pro 100.000).

WIA: 303.704 – 153.329 mussten ins Krankenhaus eingeliefert werden, 50.375 nicht.

Schwerbehinderte: 75.000, 23.214 galten als 100 % behindert. 5.283 verlorene Gliedmaßen, 1.081 erlitten mehrfache Amputationen.
Es kam zu Amputationen oder lähmenden Wunden an den unteren Extremitäten 300 % höher als im Zweiten Weltkrieg und 70 % höher als in Korea. Mehrere Amputationen traten mit einer Rate von 18,4 % im Vergleich zu 5,7 % im Jahr auf Zweiter Weltkrieg.

MIA: 2.338

Kriegsgefangene: 766, von denen 114 in Gefangenschaft starben.

Wehrpflichtige vs. Freiwillige:

25 % (648.500) der gesamten Streitkräfte im Land waren Wehrpflichtige. (66 % der US-Streitkräfte wurden während des Zweiten Weltkriegs eingezogen)

Auf Wehrpflichtige entfielen 30,4 % (17.725) der Kampftoten im Jahr Vietnam

Reservisten KIA: 5.977

Nationalgarde diente: 6.140; 101 starben

Ethnischer Hintergrund

88,4 % der Männer, die tatsächlich in Vietnam dienten, waren Kaukasier.

10,6 % (275.000) waren Afroamerikaner,

1,0 % gehörten anderen Rassen an

Gestorben in Vietnam
86,3 % waren Kaukasier (einschließlich Hispanics)
12,5 % (7.241) waren Afroamerikaner.
1,2 % gehörten anderen Rassen an

170.000 Hispanics dienten in Vietnam; 3.070 (5,2 %) davon ist dort gestorben.

Der Tod von Hubschrauberbesatzungen machte 10 % aller Todesfälle in Vietnam aus.

Hubschrauberverluste während Lam Son 719 (nur zwei Monate) machten zwischen 1961 und 1975 10 % aller Hubschrauberverluste aus.

KIA

86,8 % der Männer, die KIA waren, waren Kaukasier
12,1 % (5.711) waren Afroamerikaner;
1,1 % gehörten zu anderen Rennen.
14,6 % (1.530) der Todesfälle außerhalb des Kampfes
waren Afroamerikaner
34 % der Afroamerikaner, die sich gemeldet hatten, meldeten
sich freiwillig für den Kampf Waffen.

Insgesamt erlitten Afroamerikaner 12,5 % der Todesfälle in
Vietnam als der Anteil der Afroamerikaner im wehrpflichtigen
Alter 13,5 % betrug der Bevölkerung

Sozioökonomischen Status

76 % der nach Vietnam entsandten Männer stammten aus der
unteren Mittel-/Arbeiterschicht

Während des Vietnamkriegs hatten 75 % der Bevölkerung ein
Familieneinkommen, das über der Armutsgrenze lag

23 % hatten Väter mit beruflichen, leitenden oder technischen
Berufen.

79 % der Männer, die in 'Nam dienten, hatten einen High-
School-Abschluss oder besser.

63 % der koreanischen Tierärzte hatten nach ihrem
Ausscheiden aus dem Dienst die High School abgeschlossen

Gewinnen und Verlieren:

82 % der Veteranen, die schwere Kämpfe gesehen haben,
glauben fest daran, dass es einen Krieg gab aufgrund
mangelnden politischen Willens verloren gegangen.

Fast 75 % der Bevölkerung (Stand 1993) stimmen dem zu

Alter und ehrenhafter Dienst:

Das Durchschnittsalter des G.I. in 'Nam war 19 (26 für den Zweiten Weltkrieg)

97 % der Veteranen der Vietnam-Ära wurden ehrenhaft entlassen

Stolz auf Service:

91 % der Veteranen des tatsächlichen Kampfes und

90 % derjenigen, die schwer zu sehen waren Combat sind stolz darauf, ihrem Land gedient zu haben.

66 % der vietnamesischen Tierärzte sagen, dass sie bei Bedarf wieder dienen würden.

87 % der Öffentlichkeit schätzen die vietnamesischen Tierärzte mittlerweile sehr

Ehrenhafter Dienst

97 % der Vietnam-Veteranen wurden ehrenhaft entlassen.

91 % der tatsächlichen Vietnamkriegsveteranen

90 % derjenigen, die schwere Kämpfe gesehen haben, sind stolz darauf, ihrem Land gedient zu haben.

74 % sagen, dass sie auch in Kenntnis des Ergebnisses noch einmal dienen würden.

87 % der Öffentlichkeit schätzen Vietnam-Veteranen mittlerweile sehr.
https://www.vva310.org/vietnam-war-statistic

Sie behaupten fälschlicherweise, Vietnamkriegsveteranen zu sein

Die Zahl der Amerikaner, die fälschlicherweise behaupten, im Land gedient zu haben, beträgt: 13.853.027. Laut dieser Volkszählung behaupten VIER VON FÜNF, DIES ZU SEIN VIETNAM-TIERTÄRE SIND NICHT.

Die beste Schätzung, zu der das Verteidigungsministerium kommen kann, ist diese zwischen 2.709.918 und 3.173.845 GIs werden im Inland und in Gewässern bedient Vietnam zwischen 1954 und 1975 (die Handvoll davon nicht eingerechnet). Amerikaner, die im Zweiten Weltkrieg in Vietnam dienten). Allerdings Veteranengruppen Schätzungen gehen davon aus, dass heute etwa 9 bis 12 Millionen Amerikaner betrügerisch handeln behaupten, sie hätten in Vietnam gedient.

Nach umfangreichen Recherchen verschiedener Sterblichkeitsindizes und Quellen schätzt die American War Library, dass etwa ein Drittel derjenigen, die gedient haben in Vietnam (ungefähr 850.000) leben heute [18. August 2007]. (Vietnam (Veteranen sterben etwa genauso häufig wie ihre Väter im Zweiten Weltkrieg.) Seit 1988 Die Kriegsbibliothek hat daran gearbeitet, die Namen aller Amerikaner zu überprüfen dienten in Vietnam oder erhielten die Vietnam War Service Medal.

Auf gefährliche Weise. 28. Februar 2019
https://www.americanwarlibrary.com/personnel/vietvet.htm

Gräueltaten
Vereinzelte Gräueltaten amerikanischer Soldaten führten zu Sturzfluten der Empörung von Antikriegskritikern und den Nachrichtenmedien, während sie kommunistisch waren Gräueltaten waren so häufig, dass sie kaum Medien fanden überhaupt erwähnen.

Die Vereinigten Staaten versuchten, Angriffe auf Zivilisten zu minimieren und zu verhindern während Nordvietnam Angriffe auf Zivilisten zu einem Kernstück machte Strategie.

Von 1957 bis 1973 ermordete die Nationale Befreiungsfront 36.725 Menschen Vietnamesen und entführten weitere 58.499. Die Todesschwadronen konzentrierten sich auf Führungspersönlichkeiten auf Dorfebene und auf jeden, der das Leben verbessert hat der Bauern wie medizinisches Personal, Sozialarbeiter und Schule Lehrer. – Nixon-Präsidentschaftspapiere.

http://www.uswardogs.org/vietnam-statistics

Berechtigungsliste

Cover photo courtesy of Marlene Beggs

Figure 1-1 Dominio Theory – When the first one falls, they all fall. https://commons.wikimedia.org/wiki/File:Domino_theory.svg

Figure 1-2 Army Huey helicopter spraying Agent Orange over agricultural land https://commons.wikimedia.org/wiki/File:USHuey-helicopter-spraying-Agent-Orange-in-Vietnam.jpg https://www.vietnam.ttu.edu/virtualarchive/items.php?item=VA042084

Figure 1-3 A person with birth deformities associated with prenatal exposure to Agent Orange. https://commons.wikimedia.org/wiki/File:Agent_Orange_Deformities_%283786919757%29.jpg
Figure 1-4 Handicapped children, most of them victims of Agent Orange https://commons.wikimedia.org/wiki/File:A_vietnamese_Professor_is_pictured_with_a_group_of_handicapped_children.jpg

Figure 1-4 Emilio Labrador from Davie (South Florida), USA - Agent Orange Deformities.
https://commons.wikimedia.org/wiki/File:Agent_Orange_Deformities_(3786919757).jpg

Figure 1-5 The aftermath of the Mai Lai massacre showing mostly women and children dead on a road, March 16, 1968 Photo taken by United States Army photographer Ronald L. Haeberle

Figure 1-6 The photo became a symbol of antiwar movement. https://en.wikipedia.org/wiki/Buddhist_crisis. https://en.wikipedia.org/wiki/Buddhist_crisis#/media/File:Th%C3%ADch_Qu%E1%BA%A3ng_%C4%90%E1%BB%A9c_self-immolation.jpg
.

Figure 1-7 Typical student protesters marching at the University of Wisconsin-Madison during the Vietnam War era (1965). https://commons.wikimedia.org/wiki/File:Student_Vietnam_War_protesters.JPG#/media/File:Student_Vietnam_War_protesters.JPG

Figure 1-8 King speaking to an anti-Vietnam war rally at the University of Minnesota in St. Paul, April 27, 1967 https://upload.wikimedia.org/wikipedia/commons/2/2d/Martin_Luther_King_Jr_St_Paul_Campus_U_MN.jpg

Figure 1-9 Mohammad Ali versus George Foreman, October 30, 1974, "Rumble in the Jungle. https://commons.wikimedia.org/wiki/Category:Foreman_v_Ali,_30_October_1974#/media/File:Ali_castiga_foreman.jpg

By Hartmut Schmidt, Heidelberg - Own work, CC BY-SA 4.0,
https://commons.wikimedia.org/w/index.php?curid=93086152 "

Figure 1-10 Symbolic representation of American dead in Vietnam
since Jan. 20th 1969 . https://en.wikipedia.org/wiki/Buddhist_crisis
https://upload.wikimedia.org/wikipedia/commons/0/0d/%22Lie_
down_and_be_counted%22_Anti-Vietnam_War_Demonstration.jpg
By Hartmut Schmidt, Heidelberg - Own work, CC BY-SA 4.0,
https://commons.wikimedia.org/w/index.php?curid=93086152

Figure 1-11 Guardsmen killed a rioter during the riots at
Kent State University May 4, 1970 Due to copyright
possible issues photo not used. The link is at:
https://en.wikipedia.org/wiki/Mary_Ann_Vecchio#/
media/File:Kent_State_massacre.jpg

Figure 1-12 Flyer for antiwar march, Washington, D.C., March 1,
1975. "March First Coalition Seattle Municipal Archives from
Seattle, WA - Seattle Municipal Archives, Public Domain, https://
commons.wikimedia.org/w/index.php?curid=35019367
https://commons.wikimedia.org/w/index.php?curid=35019367#/
media/File:Anti-war_march_flyer,_1975_(14878021090).jpg

Figure 1-13 Anti-war protest against the Vietnam War in
Washington. Photo by Leena A. Krohn. This file is licensed
under the Creative Commons Attribution-Share Alike 3.0
Unported license. https://commons.wikimedia.org/wiki/
File:Vietnam_War_protest_in_Washington_DC_April_1971.jpg

Figure 1-14 Flyier for Jane Fonda's Fuck the Army (FTA) rally
https://upload.wikimedia.org/wikipedia/commons/thumb/3/3b/
Jane_Fonda_1975d.jpg/1024px-Jane_Fonda_1975d.jpg
http://peoplesoralhistoryprojectmc.org/historical-photosof-activism-monterey-
county/ courtesy of Corey Miller.This
ticket is from FTA's performance in Monterey, California
(from Peoples Oral History Project Monterey County).

Figure 1-15 Jane Fond at Press Conference in Holland
https://upload.wikimedia.org/wikipedia/commons/thumb/3/3b/
Jane_Fonda_1975d.jpg/1024px-Jane_Fonda_1975d.jpg
https://en.wikipedia.org/wiki/Jane_Fonda#Visit_to_Hanoi

Figure 1-16 Jane Fonda seated on a North Vietnamese antiaircraft gun; and earned
her the nickname "Hanoi Jane"
https://en.wikipedia.org/wiki/Jane_Fonda#Visit_to_Hanoi
This image is used to illustrate the photograph in question in the
"Controversial visit to Hanoi" section of the article Jane Fonda.
This photograph was shot by a public affairs officer of the Peoples

Republic of Vietnam, and released worldwide for distribution.
1. There is no free alternative to give the same information.
2. The image is a web resolution sized version of
the photograph, and does not limit the copyright
owners' rights to distribute the original image.
3. The image is being used for informational purposes only, and
its use is not believed to detract from the original in any way.
4. The image is being used for informational purposes only, and
its use is not believed to detract from the original in any way.

Figure 1-17 Jane Fonda urinal target in some American
Legin Post restrooms. Photo by author Ivan Beggs

Figure 1-18 A 17-year-old Jessie Washington lynched. Note
the crowd of spectators. July 1916. https://naacp.org/
sites/default/files/styles/embed_image_c/public/images/
lynchingofjessewashington.webp?itok=V9vZKfBb

Figure 1-19 Crowd proudly forms for picture of lynching.
Note the legs above the crowd. August 3, 1920.
https://lynchinginamerica.eji.org/report/

Figure 1-20 http://loc.gov/pictures/resource/cph.3b22541/ No known
Restrictions

Figure 1-21 https://en.wikipedia.org/wiki/Manchild_in_the_Promised_
Land#/media/File:ManchildInThePromisedLand.jpg "qualifies
as fair use under the copyright law of the United States."

Figure 1-22 Members of the 2nd Inf. Div. north of the Chongchon
River. Sfc. Major Cleveland, weapons squad leader, points out
Communist-led North Korean position to his machine gun crew in
1950 https://www.nps.gov/articles/000/executive-order-9981.htm.

Figure 1-23 March on Washington 1963 where the "I have a Dream
Speech" was given. Wikimedia Commons by the National
Archives and Records Administration https://news.harvard.
edu/gazette/story/2013/08/the-dream-50-years-later/

Figure 1-24 President Lyndon B Johnson signs the 1964 Civil Rights
Act as Martin Luther King, Jr., and others, look on. July 2, 1964.
https://www.nps.gov/gwmp/learn/historyculture/images/LBJ-signsCivil-Rights-
Bill-MLK-and-others-stand-behind-him.png

Figure 1-25 Detroit Riot 1967 and 7,000 arrested https://
cdn.britannica.com/70/195570-050-B7D927EF/
People-Detroit-1967.jpg Accessed Mar 12, 2023

Figure 1-26 The Myth of the Addicted Army made the case that

drug addiction was not widespread in the US Army.
https://www.amazon.com/
Myth-Addicted-Army-Vietnam-Politics/dp/1558497056
https://m.media-amazon.com/images/W/
IMAGERENDERING_521856-T2/images/I/614fdtFABjL.jpg

Figure 1-27 Some soldiers carried photos of Snoopy together with
calendars showing the days until they get on the Fredom Bird
and go home. A returning home soldier gave me the photo to
use. To avoid copyright infringement, I blocked out Snoopy.

Figure 2-28 An example of a helicopter shooting a minigun Copyright ©
International Ammunition Association
Photo obtained by and Forum Maintained by Aaron Newcomer
https://forum.cartridgecollectors.org/t/type-of-762x51-ammo-used/46593
November 10, 2022 It is a
video. Somehow I use one frame from the video.

Figure 3-29 Engineers built roads, bridges, and airfields in
support of these operations the Australian War Memorial
Photogra- pher: Michael Coleridge. EKN/67/0130/VN
https://s3-ap-southeast-2.amazonaws.com/awm-media/
collection/EKN/67/0130/VN/screen/6203335.JPG
https://www.awm.gov.au/visit/exhibitions/focus/michael-coleridge

Figure 3-30 A typical result of combat operations which
the 84th Eng did not directly support
Berm and immediate perimeter area of FSB Brown,
13 May 1970 Image by SP4 Peter Nagurny, 40th
Public Information Office, US Army.
https://signal439.tripod.com/webonmediacontents/LZ%20
Brown%20aftermath_edited-1.jpg?1382739757596
https://signal439.tripod.com/redcatcher199lib/cambodia.html
Go about 1/3 down the site for the photo.

Figure 3-31 Seeing the dead along some roads or
fields was a frequent occurrence.
Berm and immediate perimeter area of FSB Brown,
13 May 1970 Image by SP4 Peter Nagurny, 40th
Public Information Office, US Army.
https://signal439.tripod.com/webonmediacontents/LZ%20
Brown%20aftermath_edited-1.jpg?1382739757596
https://signal439.tripod.com/redcatcher199lib/cambodia.html
Go about 1/3 down the site for the photo.

Figure 3-32 Cam Rhan to Quy Nhon Created by author through Google
Maps

Figure 3-33 Bong Son Bridge under construction by Company

B, 84th Eng Bn (Combat Heavy) Courtesy of the 84th Eng Bn Association Vietnam. https://www.84thengineers.com/ pictures/bridge/bong%20son.htm Nover 26, 2022. https://www.84thengineers.com/pictures/ bridge/bridge3%5B1%5D.jpg

Figure 5-35 Ngoan-Muc Pass (Courtesy of 1LT Ken Ament)

Figure 5-34 Culvert Construction near Song Pha (Courtesy of 1LT Ken Ament

Figure 5-36 1LT Ament leaving Song Pha (Courtesy of 1LT Ken Ament)

Figure 5-37 Arrows show the company movement from Song Pha and then by LST to Phu Bai. Created by the author, Ivan Beggs

Figure 5-38 Loading the LST Permission by (Courtesy of 1LT Ken Ament)

Figure 5-39 On the LST from Phan Rang to Phu Bai (Courtesy of 1LT Ken Ament)

Figure 5-40 On the road from the dock to Phu (Courtesy of 1LT Ken Ament)

Figure 5-41 1LT Ken Ament is pondering the current situation while leading the convoy. The ever present children like to get near the vehicles and help themselves to 'souvenirs' (Courtesy of 1LT Ken Ament)

Figure 5-42 Combat Heavy Engineer Company Manning Structure US Army Field Manual 5-11, March 2016 http://www.secondcontinentalarmy.com/wp-content/ uploads/2016/03/FM-5-11-Engineer-TroopOrganizations-and-Operations.pdf Page A-"B-57

Figure 5-43 A civilian example of the Army equipment. By Jaun Rodrequez https://www.google.com/search?client=firefox-b-1d&q=heavy+earth+moving+equipment+for+cons truction+images#imgrc=uNzKbl51X3tyvM Earthmoving Heavy Equipment for Construction https://www.liveabout.com/ must-have-earth-moving-construction-heavy-equipment-844586

Figure 5-44 Ken Ament, Red Dirt, Phu Bai, 1971 (Courtesy of 1LT Ken Ament)

Figure 5-45 Trucks lined up to haul dirt for road repair and construction (Courtesy of 1LT Ken Ament)

Figure 5-46 Typical asphalt work (Courtesy of 1LT Ken Ament)

Figure 5-47 1LT Ken Ament in Hue. (Courtesy of 1LT Ken Ament)

Figure 5-48 1LT Don Schlotz in Hue. (Courtesy of 1LT Ken Ament)

Figure 6-49 The jeep on the right with the CO's driver, Inge, in front of the headquarters (Courtesy of 1LT Ken Ament)

Figure 6-50 The WWII perforated matting was the same type used in the project.https://upload.wikimedia.org/wikipedia/commons/2/22/404th_Fighter_Squadron_-_P-47_Thunderbolt.jpg

Figure 6-51 – Expected old men doing barbershop quartet https://commons.wikimedia.org/wiki/File:Dapper_Dans_(28382069095).jpg.

Figure 6-52 Instead six young women showed up as barbershop quartet. Not sure of the citation for the picture.

Figure 6-53 "The Notebook" " https://www.shoplet.com/National-Standard-Spiral-Steno-Book/RED36646/spdv?pt=rk_frg_pla&ppp=g_eYo5C4lP-6LA&gclid=Cj0KCQjwsLWDBhCmARIsAPSL3_0QZf8BagSY0YIqP3cU__8OCZU9zP86_udwuT4J1qV30Od5ZyY-2kgaAvLNEALw_wcB

Figure 6-54 Modern view of Hai Van Pass. Courtesy MiniMax Travel an excellent travel agency .http://www.minmaxtravel.com/travel-guide/vietnam/regions-in-vietnam/northern-vietnam/north-central-coast-or-north-central-bac-trung-bo/thua-thien-hue-province/hai-van-pass/
http://www.minmaxtravel.com/uploads/content/2011-08-28.08.50.53-haivanpass.jpg

Figure 6-55 Attacking straight down. How did they make the turn? https://pixabay.com/photos/air-force-jet-fighter-military-438465/
Free to use per:
https://pixabay.com/service/terms/

Figure 6-56 Steep pull up afterwards https://pixabay.com/photos/air-force-jet-fighter-military-438465/
Free to use per:
https://pixabay.com/service/terms/

Figure 7-57 A group similar to what my driver and I stumbled upon This photograph is from an album captured by the soldiers of 1 Platoon, A Company, 7th Battalion, The Royal Australian Regiment (7RAR), during Operation Santa Fe at YS561825 on 1967-11-08. The album was used for propaganda purposes,

probably by a political officer from D445, the local Viet
Cong (VC) Battalion in Phuoc Tuy Province. (Donor Colonel
E.J. O'Donnell). Copyright unknown - orphaned work.
This image is available from the Collection Database of the
Australian War Memorial under the ID Number: P01934.033
Viet_Cong_soldiers_from_D445_Bn_(AWM_P01934033).png
https://en.wikipedia.org/wiki/File:Viet_Cong_soldiers_
from_D445_Bn_(AWM_P01934033).png

Figure 7-58 Five soldiers Co B, 84th Eng Bn who were killed at the same time.
https://www.vvmf.org/Wall-of-
https://www.vvmf.org/Wall-of-
Faces/search/results/?casualtyDateMonth=05&casualtyDateDay=02&casualtyDate
Year=1971

Figure 7-59 Marlene & Ivan Beggs in Bangkok, Thailand, Easter 1971

Figure 7-60 Russian Rocket that demolished the
mess hall. Courtesy of 1LT Ken Ament

Figure 7-61 Messhall blownup by one rocket.
(Courtesy of 1LT Ken Ament)115

Figure 8-62 Many soldiers carried photos of Snoopy & the
Red Barron along with a calendar marking the days
until they went home. Photo by Ivan Beggs To avoid
copyright infringement, I blocked out Snoopy.

Figure 8-63 Type of Chinook Helicopter that broke apart above
me. Image by Kevin Lyle courtesy from Pixabay.
https://pixabay.com/photos/helicopter-royal-air-forcechinook-354699/. I Inverted
the picture for the manuscript.
Free download per
https://pixabay.com/service/terms/

Figure 8-63 Lt William Hatcher with M79 Grenade Launcher and
wearing a boonie hat. Courtesy of 1LT William Hatcher

Über den Autor

Oberst (im Ruhestand, USAR) Ivan Beggs hat gelebt, arbeitete und reise in den USA, Europa, Indien, China, Vietnam und Südamerika. Er Aus der Timken Company als Programmmanager und aus der US-Armee ausgeschieden Reserven im Dienstgrad Oberst, zwei Bronze Sterne und eine Legion of Merit

Ausbildung:

• Brooklyn Technical High School
• BS, Mathematik, Worcester Polytechnic Institute
• MA, Theologie, Trinity Lutheran Seminary
• MS, Wirtschaftsingenieurwesen, Ohio State University
• MBA, Betriebswirtschaft, Ohio State University
• Absolvent des US Army War College.
• Verheiratet, vier Kinder, vier Enkelkinder.
• Lebt in Hendersonville, North Carolina

Other Books by the Author

For Those Who Still Care
The Vietnam War
An Engineer's Story

Quest for a Meaningful Life through
Christianity, Judaism, Islam, Buddhism, & Hinduism

Fourteen Doubts about Five Religions:
Christianity, Judaism, Islam, Buddhism, & Hinduism

The American Mind in the Age of Trump:
Christian Theocracy versus Secularism;
Corporations versus Capitalistic-Socialism

Der amerikanische Geist im Zeitalter von Trump:
Christlicher Gottesstaat gegen Sakularismus;
Raubtier-Kaitalismus gegen sociale Marktwirstschaf

Milton Keynes UK
Ingram Content Group UK Ltd.
UKHW021414180224
437755UK00009B/3